めちゃくちゃ売れてる
マネー誌ダイヤモンドザイ Diamond ZAiが作った

「商品先物取引」入門 新版!

金もプラチナも
原油もコメも
トウモロコシも
ゴムも面白い!

ダイヤモンド・ザイ編集部×
日本商品先物振興協会 編

ダイヤモンド社

割安になっている今が大チャンス!?
「商品先物取引」を始めよう！

伝説の投資家ジム・ロジャーズが買い出動した時と同じ、底値水準にある

コモディティ（商品）が上昇に次ぐ上昇を重ね、過去最高値を更新し続けたのは2000年から08年にかけてのことでした。そのコモディティの騰勢をいち早く予見した著名投資家ジム・ロジャーズ氏はコモディティ投資を実践しつつ、著書『商品の時代』の中で「コモディティ投資は最良の投資のひとつ」と主張しています。

コモディティは08年をピークに下げに転じています。しかし、もしロジャーズ氏がコモディティを買い始めた2000年ごろに自分も買えていたら、どうなっていたでしょう。

そんな夢のような話をと思うかも知れません。ところがコモディティ全般の値動きを示すCRB指数を見ると、必ずしも夢物語と安直に否定することはできないのです。ロジャーズ氏が買い出動した00年ごろの価格と16年の価格は同レベルで、しかも底値水準にあるのです。将来のことは誰にもわかりませんが、上昇を期待する意見も出始めているようです。

「商品投資」って何なの?

「商品」には金や白金（プラチナ）などの金属、原油やガソリン・灯油といったエネルギー、大豆・トウモロコシなどの農産物があります。株式は株式市場で、「商品」は商品市場で取引されています。「商品」は英語では「コモディティ」と呼ばれています。

「商品」価格は上昇前の水準に
底打ち感もあり、再び上昇が狙えるか!?

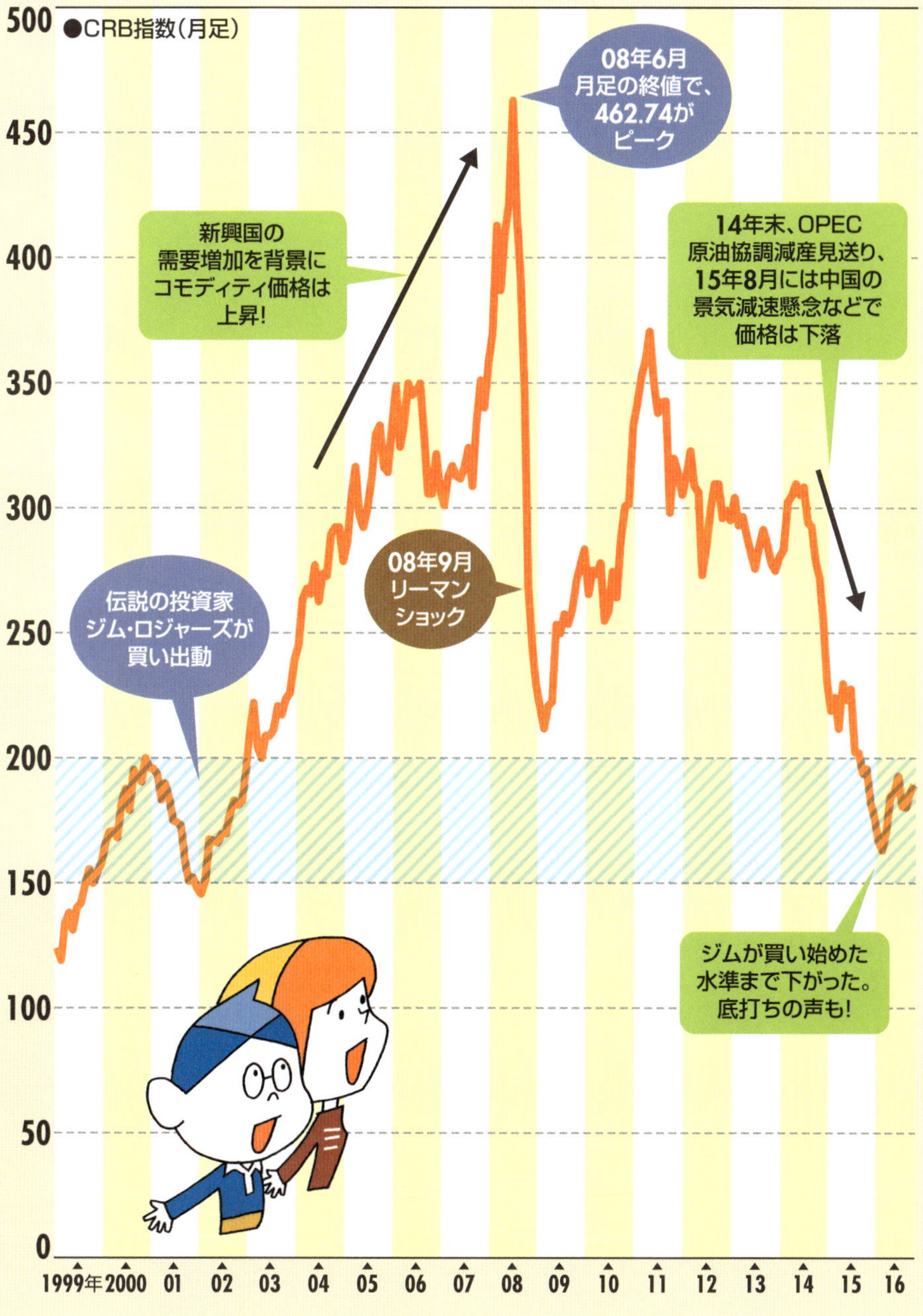

「商品先物取引」は難しくない！
株の信用取引やＦＸと同じ！

上昇・下落どちらでも利益のチャンスがある！

ハイリターンには大いに魅力を感じるものの、「商品先物取引はなんとなく難しそうだから……」と躊躇してきた投資家も少なくないことでしょう。しかし、その仕組みは株式の信用取引やＦＸと非常によく似ているので、ちょっとマジメに取り組めば思ったより簡単にチャレンジできます。

商品先物取引は、将来の特定の期日に、ある商品を買ったり売ったりすることを約束する取引です。しかし必ずしも商品の現物を渡したり、引き取ったりする必要はありません。期日前なら、買いから始めた取引は同じ商品を売ることで、売りから始めた取引は同じ商品を買うことで取引を終了できるからです。

このため先々、商品価格が上がると思えば買う約束を、下がると思えば売る約束をして、その後、予想通りに価格が動いたところで取引を終了すれば差額を利益として得られる仕組みです。価格の上昇・下落を問わずリターンを追求できる点は、株式の信用取引やＦＸとまったく同じです。

証拠金取引だから少ないお金で効率よく稼げるのが魅力！

商品先物取引は少ない投資資金で大きな取引ができますが、この点も株式の信用取引やFXと共通しています。

商品先物取引で必要となる資金は、同じ商品の現物を売買するのに必要な金額の数十分の1程度です。この資金を証拠金と呼びます。証拠金は取引の担保または保証金に相当する性格のものです。

今、大人気の金投資を考えてみましょう。

現在の相場が1グラムあたり4500円だと仮定します。貴金属店で1キロの金地金（ゴールドバー）を買うとしたら450万円を工面しなければなりません。しかし商品先物市場で同じ1キロの金を買うなら、約10万円（2016年11月現在）の証拠金を商品先物会社に預ければよいのです。

購入後しばらくしたら金価格が5000円になったとします。この時点でそれぞれの金を売却したらどうなるでしょう。話を簡単にするため、手数料などのコストは考えないことにします。

現物取引でも先物取引でも50万円の値上がり益を手にすることができます。つまりどちらの取引でも投資効果は同じなのですが、決定的に違う点があります。それは投下資本です。

金地金の購入では450万円を投じているのに対し、商品先物ではわずか10万円程度。つまり商品先物取引では圧倒的に資金効率のいい投資が可能なのです。こうした取引を証拠金取引またはレバレッジ取引といいます。なお、レバレッジとは「テコの原理」のことで、小さい力で重い荷物を持ち上げられるところからきています。

余計なものがないからわかりやすい
株やFXにはない強み！

「商品先物取引」には粉飾決算や倒産がない！

コモディティの最大の強みは、粉飾決算や倒産がないことです。従って、一夜にしてコモディティが無価値になることはありません。

買いと売りが同じ条件であることもコモディティのメリットです。株は基本的に買いから取引を始めますし、売りには逆日歩《ぎゃくひぶ》がかかります。

FXにはスワップ金利が発生するため、低金利の日本、高金利の外国という条件では、外国通貨の買いで金利を受け取り、売りでは支払いになります。ですから、個人投資家の多くはどうしても買いから取引を始めがちになります。外国通貨の下げを予想しても、毎日スワップ金利を支払いながらポジションを持てる投資家はほんのひと握りに過ぎません。

コモディティは買いと売りがフィフティ・フィフティの投資です。上がると思えば買い、下がると思えば売りが縦横無尽にできるのは、あらゆる投資の中でコモディティだけなのです。

もちろん投資だからリスクはある
だからしっかり勉強しようよ！

損を膨らませない方法が整備されている

リターンとリスクは〝表裏一体〟です。大きな利益を獲れるのだから、被る損失も膨らむ恐れがあるはず。だから商品先物取引はリスキーと思われてきた側面がありま す。しかしそれは大きな間違い。リターンとリスクは必ずしも対称ではありません。

10万円をリスクにさらして5万円のリターンを目指す、1万円のリスクで5000円のリターンを10回狙う——。賢い投資家のとるべき行動はいくつもあり、それを実現できるのが商品先物取引です。

リスクとリターンの関係をしっかり理解し、事前に立てた取引計画を守って取引すれば、仮に予想がはずれたとしても大きな損を避けることができます。取引に関するさまざまな知識、ノウハウ、テクニックを身につけましょう。

そこで、本書をご活用ください！

図表やイラストを駆使して、わかりやすく商品先物取引の基本が学べます。他の投資では得がたい大きなリターンが狙える商品先物に、ぜひチャレンジしてください！

contents

Part 3

トレードの幅が広がる 金オプション取引をマスターしよう！ 61

contents

Part 6

自分に合った取引《トレード》スタイルを探そう！ 121

超短期から長期まで

Part 7

「商品先物」コレさえ知れば超ハイリターンも夢じゃない！ 135

商品先物会社のベテラン・アドバイザーに聞きました

contents

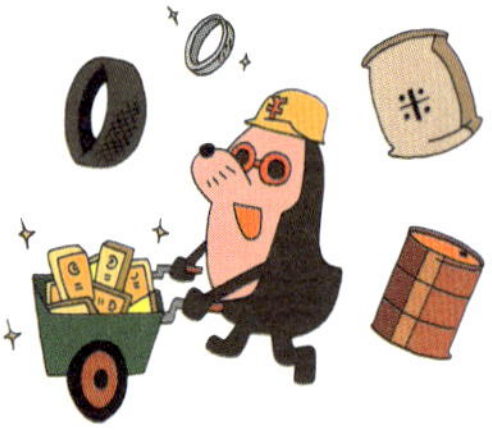

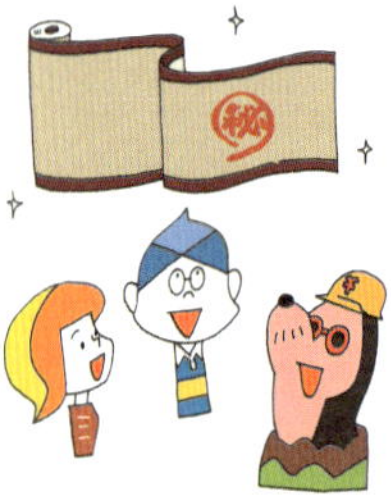

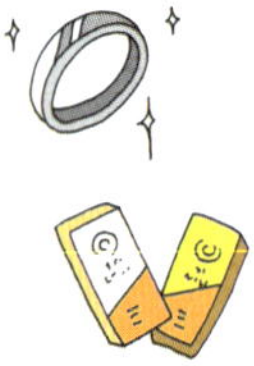

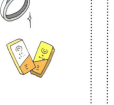

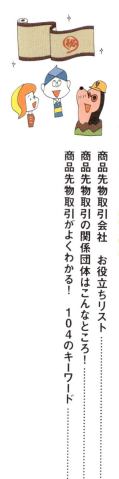

個人投資家が
厚い信頼を寄せる
3人の
金融のプロが
討論!

「大転換」を迎えている コモディティ相場は さらに上昇が続くのか!

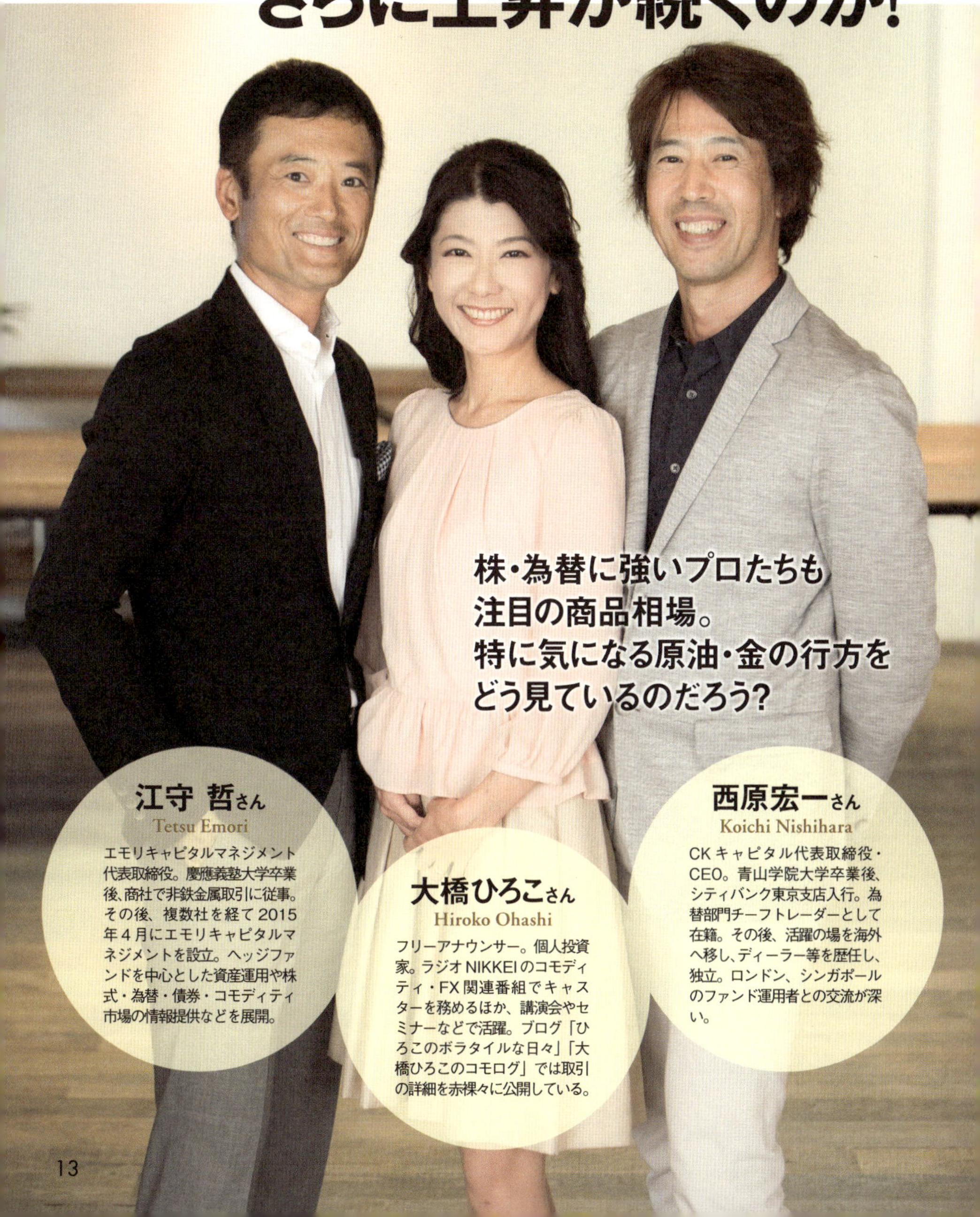

株・為替に強いプロたちも
注目の商品相場。
特に気になる原油・金の行方を
どう見ているのだろう?

江守 哲さん
Tetsu Emori

エモリキャピタルマネジメント代表取締役。慶應義塾大学卒業後、商社で非鉄金属取引に従事。その後、複数社を経て2015年4月にエモリキャピタルマネジメントを設立。ヘッジファンドを中心とした資産運用や株式・為替・債券・コモディティ市場の情報提供などを展開。

大橋ひろこさん
Hiroko Ohashi

フリーアナウンサー。個人投資家。ラジオNIKKEIのコモディティ・FX関連番組でキャスターを務めるほか、講演会やセミナーなどで活躍。ブログ「ひろこのボラタイルな日々」「大橋ひろこのコモログ」では取引の詳細を赤裸々に公開している。

西原宏一さん
Koichi Nishihara

CKキャピタル代表取締役・CEO。青山学院大学卒業後、シティバンク東京支店入行。為替部門チーフトレーダーとして在籍。その後、活躍の場を海外へ移し、ディーラー等を歴任し、独立。ロンドン、シンガポールのファンド運用者との交流が深い。

2016年の円高は米国側の事情に原因があった
——西原

大転換を迎え、面白さが増すコモディティ相場

江守　コモディティは今、面白いですね。「大転換」を迎えていますから。根拠はコモディティとの関係が強い為替市場の転換です。ドル高円安は2015年で終わった。これからはドル安ですから、コモディティ全般で上昇基調が続くと見ています。

大橋　「アベノミクスの終焉」との声も高まっていますよね。やはり為替市場では円高が濃厚なんでしょうか。

西原　アベノミクス以前、アジアでは中国や韓国が自国通貨安で潤っていた。ところが彼らはグローバル経済を牽引してくれない。そこで米国は円安を容認し、世界経済の牽引役を期待した。ところが、アベノミクスは第一の矢、つまり金融政策頼みで期待に応えられていない。

大橋　125円まで円安が進んだのに105円まで落ちてしまいましたものね。

西原　15年2月のG20では、主要国間で「ドル高の調整を目指そう」との上海合意があったとされています。為替の値動きは米国側の事情によるところが大きいですから、そこから値動きが想像できる。あの時は米国が一方的なドル高円安を嫌ったのでしょう。

江守　さらにさかのぼると欧州債務危機でユーロ圏の経済がキツくなっていた。そこで「欧州が厳しいから通貨安にさせてくれ」と。その裏返しとして12年には1ドル75円まで円高が進んだ。安倍さんは出てきたタイミングがよかっただけで、サイクル的に円安転換は当然だったともいえます。過去、円安の期間はほぼ3年。12年に円安転換しましたから、15年で円安は終了したと考えられます。金価格もそれを裏付けている。

マイナス金利政策は金に追い風

大橋　米ドルと金は逆相関、米ドルが上がれば金は下がるし、米ドルが下がれば金は上がるという関係が基本ですね。金は16年から上昇が始まっていて、ドル安・ゴールド高が鮮明ですね。

江守　市場の動きを見る限り、コモディティ高がかなりハッキリしてきました。少なくとも、19年までは米ドルが下がって、コモディティにはフェイバー（有利）な時代になるだろうというのが基本的なシナリオです。

大橋　まさに大転換を迎えているわけですね。日本やユーロ圏はマイナス金利政策を導入、これも金に追い風ですよね。

江守　金利を払うくらいなら、現金を金に換えておこうと考える人が増えるので、買われやすくなります。

大橋　新興国の中央銀行も外貨準備に金を積み増す動きを強めています。信用できる通貨がなくなっているんでしょう。

西原　少し前までは金本位制だったくらいですから、金の信頼性は通貨と比べても遜色ないですからね。

2019年まではコモディティにフェイバーな時代になる
——江守

特にインドや中国では金の信頼性は高く、資産を金に換えて持つ人も多い。賑わいを見せる、南京市の宝飾店。

中国の台頭による世界経済の劇的変化

大橋　コモディティは世界の大きな流れや技術革新によって価格がダイナミックに動きます。最近でいえばシェールガス革命による原油価格下落がありました。

西原　以前からいわれているのは、中国の台頭による世界経済の劇的な変化ですよね。経済発展で中国人の生活が「西洋化」してきたためにコモディティ需要が急速に高まった。

大橋　中国の食が変化。肉食が広がるとともに、大豆やトウモロコシの価格はステージが一段、上がった。もし中国経済がハードランディングするようなことがあっても、生活水準とともに価格帯のレンジも切り上がっているから、20年前の価格帯に戻ることはないのでしょうね。

江守　価格が安くなると将来の生産のための設備投資が抑制されるから、供給が減ってまた上がっていく。それを繰り返しながら、根本的な需給の改善があった時にレンジをブレイクして上がっていく。そんなイメージです。

天然ゴムがじり安になる!?

大橋　「世界がこう変わると、この銘柄は上がる・下がる」とダイナミックに考

技術革新、世界のダイナミックな変化が商品相場の流れを変える！
――大橋

©Science Photo Library/amanaimages

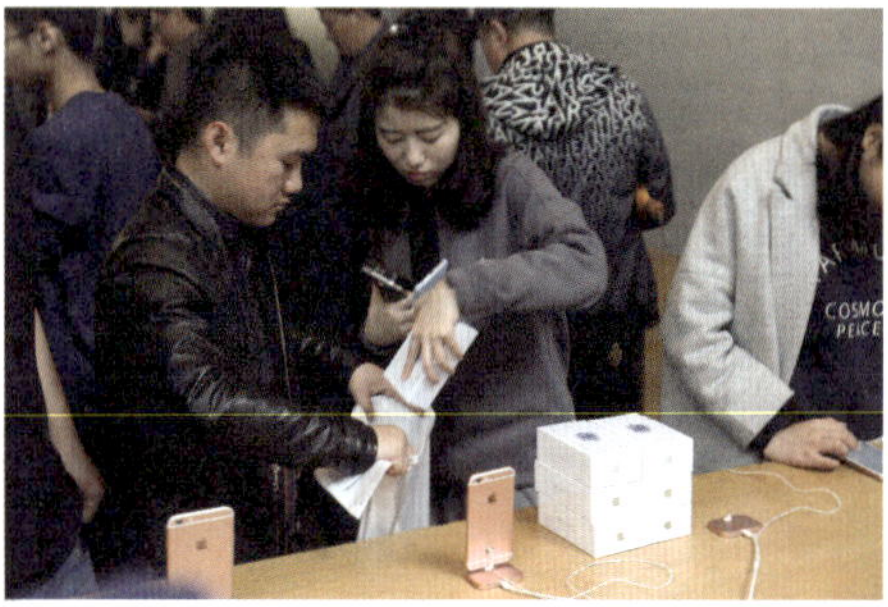

上海のアップルストアでスマートフォンを買う中国人（写真右）。米国カリフォルニア州で温室栽培されているグアユール。天然ゴム等の供給源として開発が進む（写真左）。

えられるのが商品先物取引の魅力ですよね。最近、面白いと思うのが専門家の方に伺った「グアユール」。現在、天然ゴムはほとんどが湿潤な東南アジアで生産されていますが、最近、グアユールという植物からもゴムを取り出せるようになった。実用化が進むと、ゴム価格のステージがガラっと変わるかもしれない。

西原　ゴムがじり安になるの？

大橋　スケールの大きな話なので、今すぐにっていうわけではないですけどね。ゴム価格は東南アジアの天候によって増産期・減産期サイクルが存在しますが、グアユールは乾燥地帯でも育つんです。産地は東南アジアでなくてもいい。将来的にはレンジが切り下がってくるかもしれません。

江守　商品先物取引をやっている人は基本、視野が広いですよね。株も見るし、為替も見る。大きな流れを読み解くことが大切です。

西原　米大統領選は大きな流れを変えるかもしれません。勝ったトランプも負けたヒラリーも外交姿勢は内向き。「世界の警察官」であることを放棄しようとしていて、リーダー国不在となる「Gゼロ」の世界が近づきつつあります。

大橋　シェールガス革命で自国で石油をまかなえるようになり中東への関心を低めつつある中、米国の外交政策が大きく転換すれば、コモディティがどう変わるのか。気になりますよね。

江守　米国の関心は完全に中国へシフトしています。

大橋　中国の海洋進出で地政学リスクが高まるようだと、原油や金は上がるのかもしれませんね。

商品先物をやっている人は株も見るし、為替も見る 大きな流れを読み解くことが大切

——江守

通貨との相関は有力な手がかりになる
——西原

原油取引を始めるFXトレーダーたち

大橋　米ドルと金の逆相関というお話がありましたが、コモディティ市場を攻略するにはどんな方法がありますか？

西原　通貨との相関は有力な手がかりになりますよね。原油価格とカナダドルは強い相関があります。

江守　北海油田があるため、英ポンドと原油が相関することもある。

西原　とくに最近は原油と為替の連動性が高まっているので、原油取引を始めるFXトレーダーが目立ちます。16年はEU離脱リスクで年初にポンドが暴落しましたが、その後の急反発の背景には北海ブレント原油の上昇がありました。米ドル／円が1日5％も動けば大ニュースですが、原油市場では珍しくない。値動きの大きさは魅力ですね。

江守　注目度が高まっているからか〝にわか原油アナリスト〟みたいな人も増えましたし（笑）。

西原　国内の商品先物取引の銘柄にはありませんが、鉄鉱石と豪ドル、乳製品価格とニュージーランドドルも最近、はっきりした相関性が見られます。

江守　農産物ならブラジルレアルの影響を受けやすいのが大豆や粗糖。それにコーヒー。農産物って、デイリーベースだとブラジルレアルの値動きくらいしか材料がないんですよ（笑）。

大橋　原油だと、サヤも注目ですよね。期近の銘柄と期先の銘柄の価格の差。期先の価格のほうが高い「コンタンゴ」（順ザヤ）だと価格は上がりにくいし、反対に期先のほうが安い「バックワーデーション」（逆ザヤ）は「逆ザヤに売りなし」といわれるくらいで下がりにくい。

WTI原油は年間最安値を8月につけたことがない

江守　そこまでくると少し専門的な話になりますから、初心者は私たち専門家を頼って欲しいですね。みなさんに意識して欲しいのはサイクル。

西原　米ドル／円の8年サイクルをはじめ、為替でもサイクルを意識する人は多い。でもみんなが意識するとサイクルのピークやボトムがズレてしまうことがある。コモディティはどうですか。

長いサイクルも効きやすいコモディティはFXよりわかりやすい
——大橋

江守　コモディティはサイクルがきれいに出やすいですよ。

大橋　FXよりコモディティのほうがわかりやすいですよね。長いサイクルも効きやすいし、農産物はカレンダー的な生産サイクルがハッキリ出るし。

江守　月ごとの騰落率もとても参考になりますよ。WTI原油は、15年8月に40ドル割れの安値をつけたんです。ところが、1983年の上場以来、8月に年間安値をつけたことはないんです。だから私は年内に再度ボトムをつけにいくだろうと予測した。実際、12月に下げたんです。そうした分析が通用しやすいのがコモディティなんです。

通貨との連動性の高い原油とコーヒー。2016年前半、北海ブレント原油の上昇の影響で、暴落していたポンドが急反発した。

©Sipa Press/amanaimages（上）、MASAKO HASHIMOTO/SEBUN PHOTO/amanaimages（下）

プロも注目する金の新商品も！

大橋　商品先物取引、最初は金から始める人が多いようです。

江守　金を入り口にして、慣れてきたら他の銘柄も見ていくのがいいですよね。

大橋　最近は、東京ゴールドスポット100が人気です。限月がないから2年でも3年でも長期保有できるし、金の標準取引だと証拠金が10万円弱必要ですが、東京ゴールドスポット100なら証拠金は10分の1。しかも、レバレッジは40倍くらいと、資金効率が高いのも魅力！　FXと同じ感覚で取引できるようになりました。

江守　期限がないから長期トレンドを狙いやすい。それにFXとよく似た商品設計だから、「FXは経験があるけどコモディティは初めて」という人でも馴染みやすいでしょうね。

ボクはオプションが気になる…
初心者は金がいいと思います
少額から始めてみるといいですね

写真／和田佳久

大橋　米雇用統計で米ドルは乱高下しますが、同じタイミングで金を取引しても面白そう。

西原　個人的に興味があるのは金オプション。リニューアルされて使いやすくなったんですよね。

大橋　1キロ単位から100グラム単位へ変更されたので、少額で取引できます。

西原　コツコツ儲けるというより、「行ったらいいな」くらいの遠めのオプションを取引したい。遠い価格のオプションは安く買えるので急騰、急落したあとのリバウンドを狙ったり、ボラティリティの高まりそうなイベントを控えた時にも使える。非常に魅力的です。

金を入り口にして始めるといい。人気の東京ゴールドスポット100は少額からできてFXに似ている！　――大橋

Part 1

「商品」がわかれば世界経済がわかる

単に利益を追求できるだけにとどまらず、
トレードを通じて世の中の流れや経済の仕組みが
理解できるようになるのが商品先物取引の大きな魅力。
裏返せば、経済のことが大まかにわかれば、
すぐにでも商品先物取引を始められるのです!

人間が地球から手に入れるのが「商品」需給の不均衡が価格変動をもたらす

エネルギー、工業資源、農産物 商品価格は需要と供給で決まる

モノ（商品）の価格は需要と供給で決まります。欲しい人のパワーの総量（需要）が、モノをマーケットに送り出す人のパワーの総量（供給）を上回れば価格は上がり、下回れば下がります。

ここでいう「商品（コモディティ）」とは石油や天然ガスなどのエネルギー資源、金や白金、ゴムなどの工業資源、トウモロコシや大豆、コメなどの農産物資源のこと。いずれも人間が地球を相手に、掘り出して精錬し、種をまいて育て、初めて手に入れられるモノばかりです。それゆえ商品の需給や価格は、「地球（自然）と人」との関係で形成されます。

需要と供給がうまい具合にバランスすれば価格は安定するはずです。しかし現実はそうではありません。世界ではめまぐるしい勢いでさまざまな出来事が起き、それが需給の不均衡をもたらし、絶えず商品価格を変動させているのです。

再び商品価格は上昇へ向かう？ その答えはマーケットにある

その商品価格の過去の動きを知る手がかりが**CRB指数**（トムソン・ロイター・コアコモディティＣＲＢ指数）です。米国のＣＲＢ社が開発したＣＲＢ指数はエネルギー、金属、農産物など多岐にわたる商品を構成品目とすることにより、コモディティの総合的な値動きがひと目でわかるように工夫されています。

いわば商品版の「日経平均」や「ダウ平均」の位置付けで、インフレ動向（物価上昇率）の先行指標としても注目されています。消費国の日本にとって、ＣＲＢ指数の上昇は景気上昇のブレーキ要因とされますが、資源国にとっては経済発展につながる投資資金の流入をもたらすプラス要因と解釈されます。

そのＣＲＢ指数は１９９９年から２００８年にかけて急上昇しています（３ページ参照）。中国やインドなど圧倒的な

資源と人口を擁する新興国が工業化を果たし、経済発展を遂げたのがこの期間です。工業化は資源需要の拡大を、経済発展は国民を豊かにし、食糧需要の増大をもたらしました。

ところがCRB指数は08年にピークを迎えます。市場は供給不足から一転して供給過剰に陥ったのです。CRB指数は上昇開始時のレベルへと落ち込み、そこから若干戻して、現在に至っています。

では商品需要は消失したのでしょうか。新興国群の需要は依然として拡大を続けていますし、人口の減少も報告されていません。CRB指数の下落は供給不足に対応するための生産過多を主因とする見方があります。商品の生産・供給は、需要に遅れてやってくるからです。急速すぎた商品需要の拡大ペースの鈍化と過剰供給是正への対応がバランスした後には、再び商品価格は上昇へと向かうと考えるのが自然との声は少なくありません。

世界的な金融緩和で資金運用難にその中で期待がかかる「商品」

米国は金融緩和政策の終了を宣言したが……

国債・債券、為替（通貨）、株式、商品と投資対象はさまざまですが、**2008年のリーマンショック以降、世界の金融市場は「運用難の渦中にある」**との指摘があります。その大きな原因のひとつが、先進国間で支配的な潮流となっている金融緩和政策に伴う**超低金利**です。

金融緩和政策は景気浮揚策のひとつで、中央銀行による国債の買い上げと政策金利（および預金準備率）の引き下げをセットで行ない、世に出回っているお金の量（マネーサプライ）を増やすことで企業の資金調達を容易にするのが狙いです。

日本はバブル崩壊後の1999年に短期金利の指標である無担保コール翌日物金利を史上最低の0・15％に誘導することを決定しました。その後、サブプライムローン問題に端を発する世界金融危機（リーマンショック）、それに続く欧州債務危機を経て米国とEUおよびEU周辺国も相次いで超低金利政策を実施。日本と欧州はさらに名目金利をゼロ以下にする「**マイナス金利政策**」へと突き進んでいます。

そうした中で米国は他国に先んじて14年10月に量的金融緩和政策の終結を宣言。翌15年末には政策金利を0・25％から0・5％に引き上げました。景気回復に対する自信ゆえの利上げですが、米国が金融緩和に着手する前の07年の金利は5・5％。依然として大きな開きがあります。

その一方で世界経済の不安定化を呼び覚ます重大な因子として、欧州難民問題があります。アフリカ、中東の地域紛争と内戦、「イスラム国」問題とも不可分の関係にあり、解決の糸口が見えていません。英国は16年6月の国民投票でEU離脱を決めましたが、その背景にも難民問題があります。英国に続く国が出ても不思議はないと語られる一方、世界的にも「自国第一主義」を唱える声は高まっており、行き着く先は予想がつきません。

超低金利が続く先進諸国

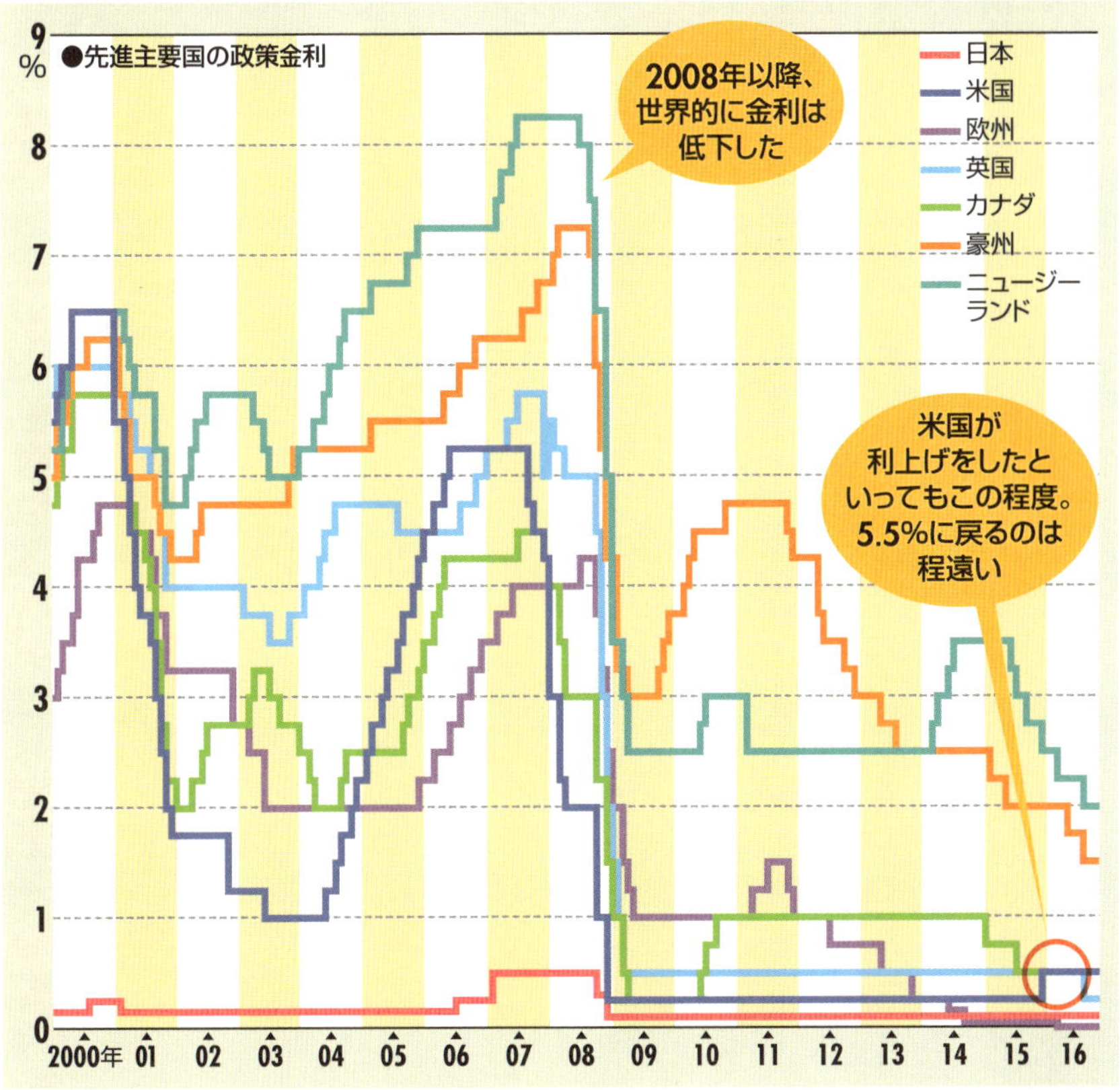

超低金利と通貨安政策で商品の基調転換に期待がかかる

こうした環境下で、投資マネーは投資メリットの薄い国債を敬遠するようになっています。唯一の例外は相対的な利回りの高さと安全性がある米国債です。

為替は、各国の通貨安誘導、長期的な円高リスク、中国人民元の不透明さ、EU崩壊リスクなどが見え隠れします。

株式では、米国で高配当株から順に買われた結果、ダウ平均は12年中に金融危機前の高値を突破、その後も安定的な上昇は続けているものの、一方でバブル化を危惧する声も上がっています。

商品は米国のドル安政策で上昇基調への転換の兆しが見え始めています。また低金利下における金投資の安全性と優位性、原油価格の反転上昇とその後の産油国の協調減産は、投資マネーの流入回復に期待を抱かせます。

低金利時代の資産防衛こそ金（ゴールド）の出番

ゼロ金利から5%に回復するのに何年かかるのか

安全資産としての金を持つべきか、持たざるべきか――。投資家はいま、マーケットからそのような選択を突きつけられているかのように映ります。政治経済の混迷がなぜそれほど金を輝かせるのか。その点を掘り下げて考えてみましょう。

金は金利を生まない、配当がつかない点で国債や株式とは性格が異なります。経済が正常に回っている時代なら、国債や株式は妙味のある投資対象です。

しかし先進諸国は金融緩和政策から抜け出せず、日本と欧州では「マイナス金利の深掘り」さえ語られています。米国も量的金融緩和の解除は打ち出したものの、その遅れは否めませんし、リーマンショック以前のような５％を超える金利を回復するのにどれだけ時間がかかるか、そもそも回復できるかもわかりません。

数年にわたって超低金利政策を取らざるを得ない先進諸国の現況を「金融政策の限界」と評する声もあります。リーマンショック、欧州債務危機を経て至った状況で次の経済危機が発生したら、世界に対応すべきカードがあるかは疑問です。

次の経済危機――。それは欧州債務危機で窮地に陥った国々のデフォルトかもしれませんし、英国に次ぐＥＵ離脱表明とそれによるＥＵの崩壊かもしれません。あるいは近年の世界経済を牽引してきた中国に代表される新興国経済の減速がエスカレートすることも否定できません。

金融政策の限界と潜在的リスク 金は転ばぬ先の杖

もちろん金の保有にもリスクはあります。２０１３年以降の金価格の下落で鉱山会社は減産対応をしたものの、マーケットが期待したほどの効果は上がりませんでした。さらに採掘から精錬、出荷までの低コスト対応が順調に進んだことも金価格の下げ圧力につながります。また、経済不振の新興国で中央銀行が準備資産

底堅く推移する金価格は資産防衛の要に

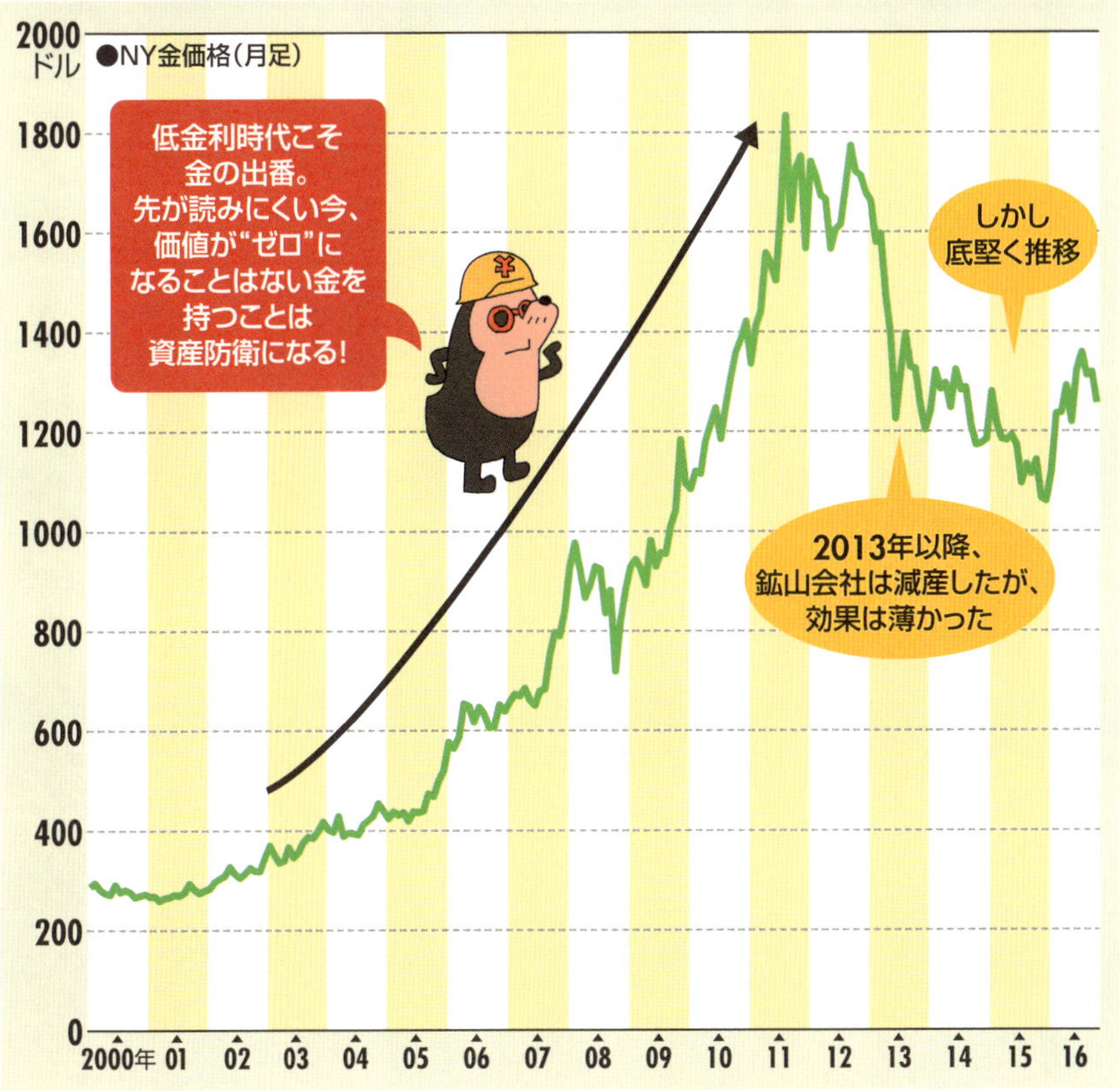

を取り崩したため、金に対するニーズが抑制されたことも弱材料です。

しかし先進諸国の金融政策の限界と潜在的な金融投資リスクが予見される状況において、**ペーパー資産と異なり決して無価値になることがない金は、金利を生まないデメリットを補って余りある「有事の安全な実物資産」という優位性が、いまこそ強く認識されているのです。**

それゆえ金融資産の一部を金に換えて資産防衛を図ると同時に投資効果を狙う動きはきわめて現実的な対応です。16年夏に世界有数の著名ヘッジファンド・マネージャーであるジョージ・ソロス氏が金ETF（上場投信）と金鉱株を購入していたことが明らかになったのは、その表れです。

金による資産防衛と資産運用のために金先物取引をうまく利用することにより、低廉な証拠金とコストで金の現物保有と同じ効果をあげることが可能です。

シェールオイルの供給開始が原油市場のレジームを変えた

個人投資家の間で人気が高まる原油先物やETF

個人投資家の間で原油を資産運用の対象に加える動きが広がっています。原油先物取引の出来高や、原油価格連動型ＥＴＦ（上場投信）の預かり資産残高の増加などでそれがわかります。資産のリスク分散を図る動きの一方で、ピークから大きく下げた原油価格の反転上昇を狙って取引する投資家も少なくありません。

その原油を取り巻く環境を一変させる契機となったのは、やはり新興国の急激な工業化の進展でした。２０００年以降、新興国の原油需要の急増に供給が追いつかず、マーケットでは「原油不足の時代」への焦燥が募ると同時に原油の生産能力不足を警戒する声も上がりました。しかし原油供給体制の変革（＝増産）には時間がかかります。こうして原油価格はどんどん押し上げられていったのです。

そうした中でシェールオイルに代表される「非在来型」の原油が脚光を浴びるようになります。以前は採算に合わないとされていたシェールオイルが、原油価格の高騰と採掘技術の革新によって市場に供給されるようになりました。

結果、産油国の勢力図が塗り替えられ、世界一の産油国の座を、サウジアラビアに代わって米国が占めるようになります。

ところが新たな供給体制が確立したタイミングで、新興国の経済成長の鈍化が見え始めました。今度は需要減に合わせた供給の調節にも時間がかかります。そして原油の可能生産力が問題視されることとなりました。

原油価格は底値を見つけ新たな時代の訪れとなるか

08年夏、原油価格の世界的指標であるＷＴＩ先物価格は１バレル／１４２ドルの過去最高値をつけますが、その年の冬には32ドルまで急落することとなります。

採掘コストの高いシェールオイルは大ダメージを被りましたが、一方で原油価

採算分岐点を超え、底値が確認できたとの見方も

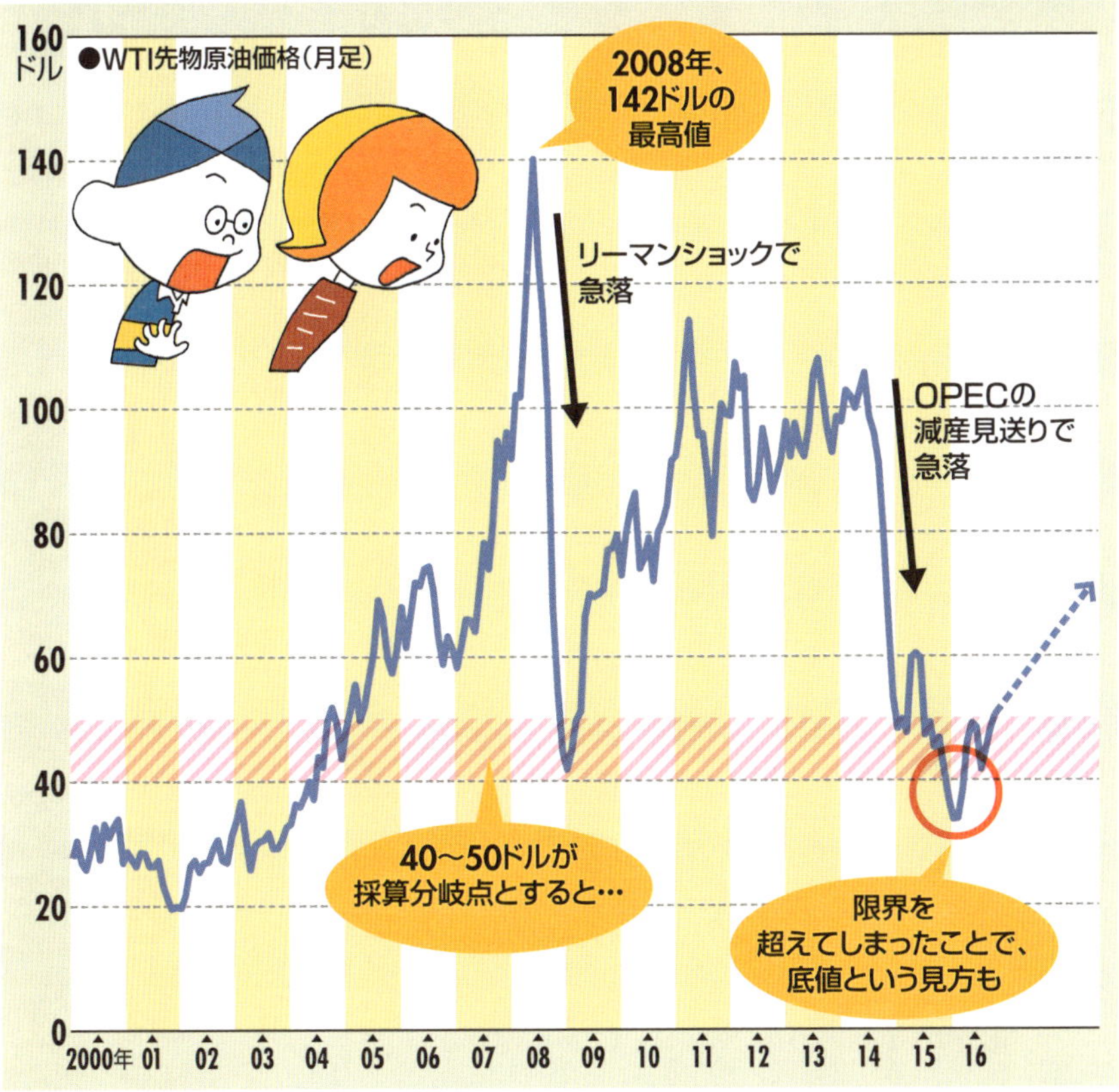

格の調整役を果たしていたＯＰＥＣ（石油輸出国機構）による供給管理の限界も明らかになってきたのです。ＯＰＥＣの手法は加盟国間で協調して産油量を調節し価格を維持するという意味で政策的です。しかしシェールオイルは価格が下がれば減産、上がれば増産と、市場原理が反映されます。シェールオイルの市場における影響力の増大は「レジーム（体制）の転換」とさえ評されています。

　他方、原油価格の下落は供給側の安値対応の限界（＝底値）を探る動きでもありました。特に供給の歴史が浅いシェールオイルは採算性が見えなかったため、市場では底値を決め切れなかったのです。

　しかし近年になって40～50ドルが採算分岐点とする意見が出始めています。仮にそれが正しければ16年初頭の26ドルは限界を超えた底値だとの見方が強まり、これからは原油需給の新たな均衡化が見通せる時代を迎えることになりそうです。

異常気象が食糧生産を不安定に世界は70億の人口を養えるのか？

2000年からの価格高騰には「マルサスの罠」への恐れがあった

2000年代に入った直後からトウモロコシや大豆を含む食糧価格が押し上げられた背景には、「マルサスの罠」が現実化することへの警戒感がありました。「マルサスの罠」は、人口の増加率に比べ食糧生産の増加率が低いため、増えた労働力を食糧生産に投入しても1人あたりの食糧配分は減り、結果として貧困や戦争をもたらすとの主張です。18世紀末に英国の経済学者トマス・ロバート・マルサスが著書『人口論』で提唱しました。

世界の人口は1999年に60億人に到達しましたが、そのわずか12年後の2011年には70億人まで増えています。これだけの人間を地球は「食べさせることができるのか」「食糧生産能力は限界に達しているのではないか」との不安が食糧価格に大きな影響を及ぼしたのです。

加えてこの時期には、中国やインドを筆頭とする新興国の経済成長が中間所得層を増やし肉食化が加速、問題をいっそう深刻化させました。農産物を家畜の飼料とし、その肉を食べる人間の増加が農産物需要を爆発的に拡大させたのです。

しかし価格の高騰は同時に食糧の増産を促し、一応の危機は脱した形になっています。過去10年間で世界のトウモロコシ生産は43％、大豆は48％も増産しています。シェールオイルが原油需給のひっ迫化解消に寄与したように、食糧生産では南米のブラジル、アルゼンチンや黒海周辺のウクライナなどが新たな供給源として需給の緩和をもたらしました。

安い食糧価格維持には豊作が必要 世界の天候は不安定化している

では食糧価格の高騰は解消したのでしょうか。この問題を考えるヒントは10年から12年にかけての価格高騰局面にありそうです。トウモロコシ価格は、08年には1ブッシェル（約25・4キロ）あたり7ドル超の水準に達した後、世界金融危

人口増よりも異常気象が問題！

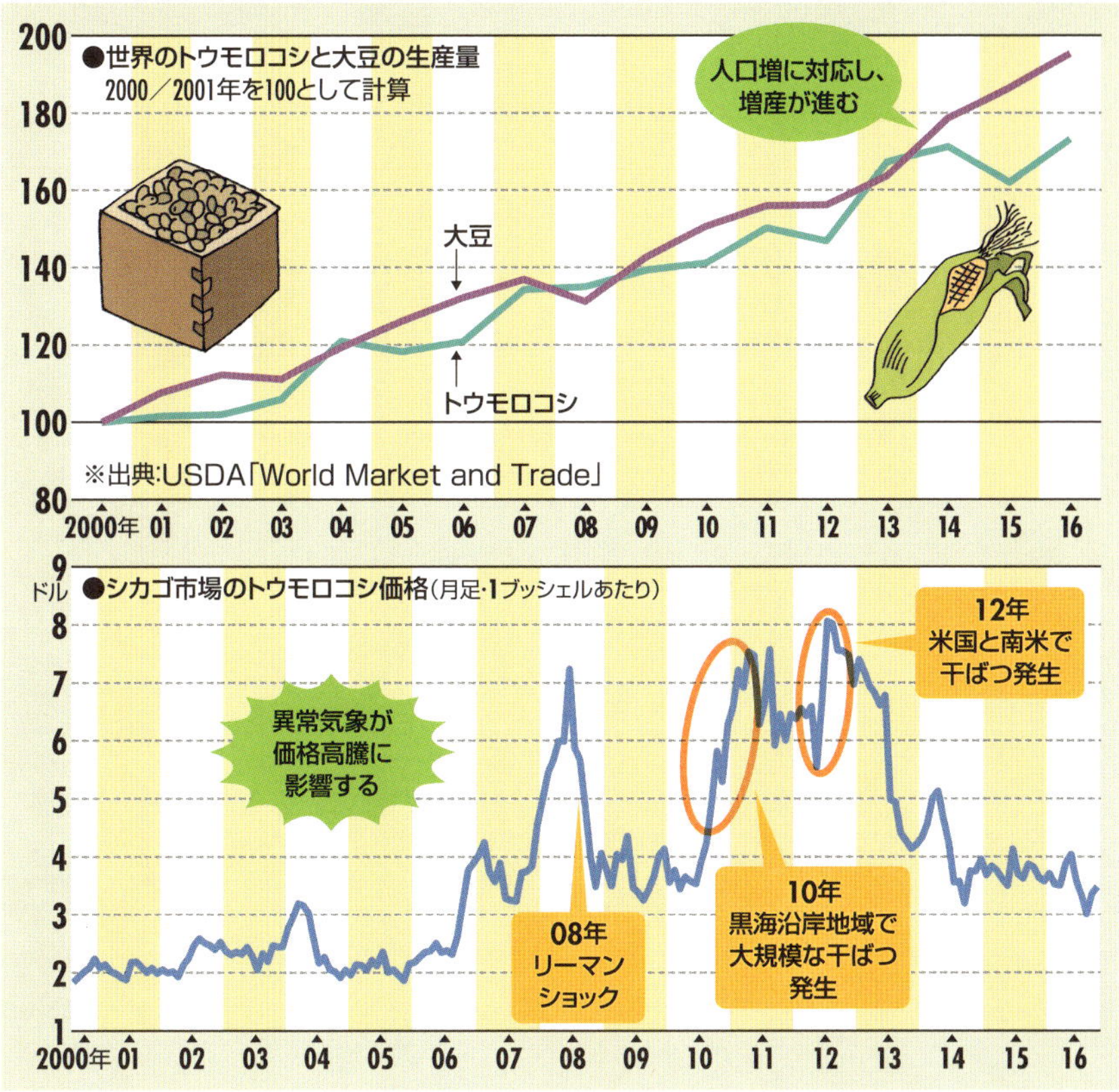

機後に4ドル以下に急落。しかし12年には再び8ドル水準まで急騰しています。10年には黒海沿岸地域で大規模な干ばつが発生し、ロシアは穀物の禁輸に踏み切りました。12年には、今度は米国と南米で干ばつが発生したことから供給不安が高まり、食糧価格を急騰させています。

一時は「世界は70億の人口を養える」と考えられていましたが、地域的な天候障害が世界の食糧需給を一変させてしまう現実が露呈したのです。

13年以降の食糧価格は、米国が過去最高レベルの豊作を続けていることを主たる理由に安値を続けています。もちろんこのまま世界で豊作が続けば、安値安定は維持されることでしょう。しかし、世界では気象環境が不安定化している現実があります。近年、規模の拡大が伝えられるエルニーニョ／ラニーニャ現象、ハリケーンなどは、いつ農作物に甚大な被害をもたらしてもおかしくはありません。

ゴムノキが成長するまで5〜7年 生産と供給のタイムラグが大相場に！

「農産物」と「工業用素材」の2面性を持つ天然ゴム

東京商品取引所で取引されている天然ゴムは、供給面に着目すれば、樹木から採取する白色の樹液を原料とする「農産物」であり、需要面からはその9割が自動車タイヤの生産に向けられる「工業用素材」という特殊性があります。

天然ゴム価格も他の商品市況と同様、2000年代に入って急騰しています。00年当時1キロあたり100円を下回っていた相場は、世界金融危機発生前のピーク時には350円台まで高騰しました。中国などの自動車市場の急成長に天然ゴム供給が追い付けなくなったことが大きな理由です。新興国の経済成長は輸送面でのモータリゼーションを促し、急増した自動車生産台数はそのままタイヤ、そして天然ゴム需要の拡大に直結したのです。その意味では工業用素材としての要因が色濃く反映されたといえるでしょう。

しかし農産物としての特性が相場の急騰に大きな役割を果たした面も見逃せません。植樹したゴムノキから樹液の採取が可能になるには一般的に5〜7年の年月が必要です。つまり00年代中盤の本格的な価格上昇に刺激を受けた生産者の新たな供給が市場に出回るまでには、他の商品に比べ大きなタイムラグが要求されるのです。このため天然ゴム相場は一方向に動き始めるとその流れには歯止めがかかりにくく、実際に相場が大天井を形成するには11年2月まで待たなければなりませんでした。

低迷局面も5年が過ぎ、相場転換のタイミングか？

ところがいったん本格的な増産が流れに乗ると、その影響も長期化します。新たに生産が始まるゴムノキは5〜7年前に植樹されているため、一時的に収益環境が悪化したからといって、他の単年性の農作物のように簡単に生産をやめられません。

天然ゴム価格はピークを迎えるまで時間がかかった

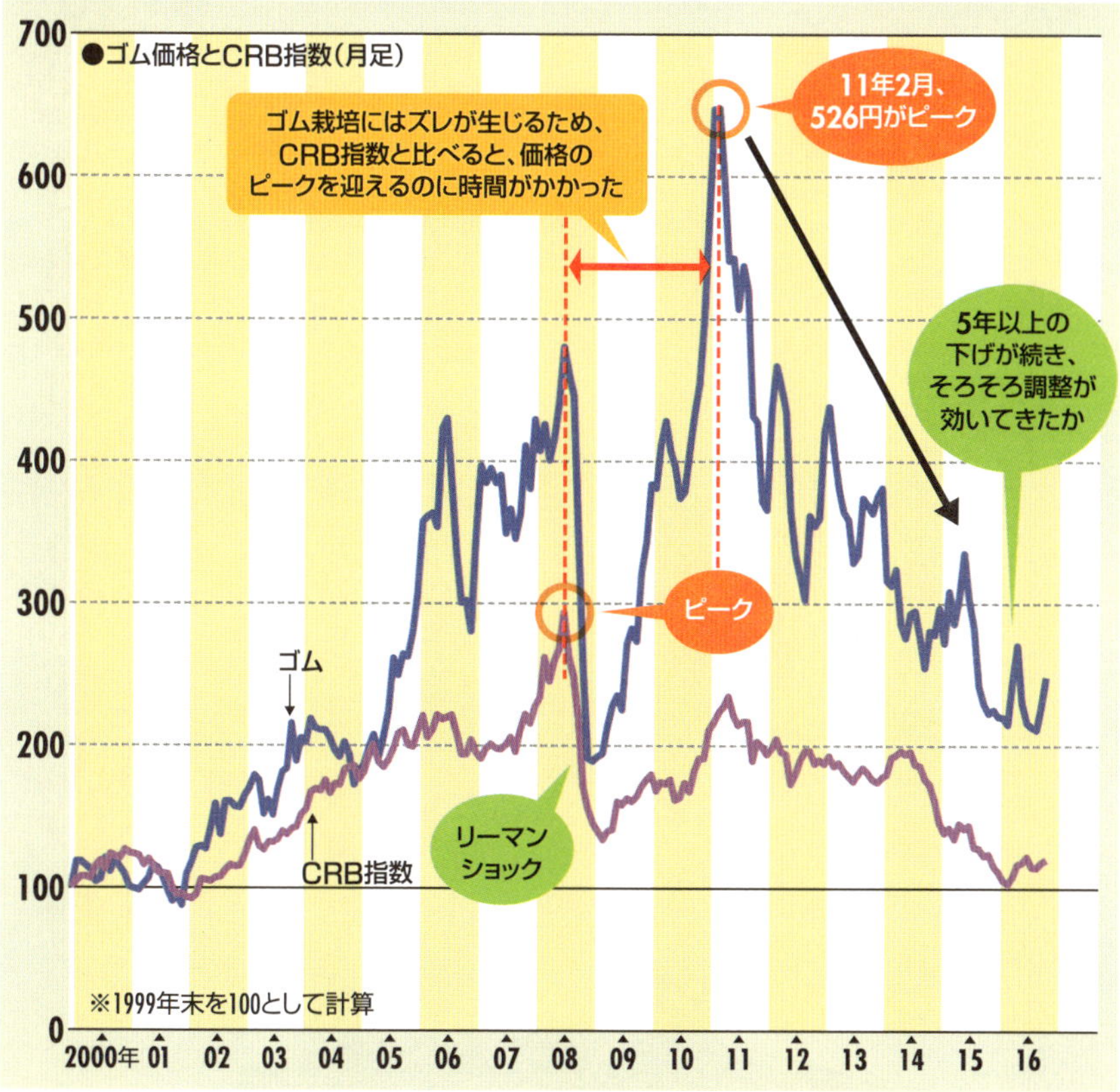

それでもこれまで通り需要拡大のペースが続いていれば、大きな影響はありません。しかし10年以降、その需要拡大ペースの減速は明らか。過去の急激な需要拡大を前提として形成された供給環境は、天然ゴム相場の長期低迷を余儀なくさせたのです。

しかしその相場低迷局面も5年以上が経ち、他の商品に比べ遅まきながらも、ようやく世界のタイヤ需要拡大ペースの実態に合った供給調整（＝減産）が実現しつつあります。採算性の悪化による生産停止、パーム油やコーヒーへの作換え、生産国政府による在庫買い上げ、国家間の協調減産がそれです。

ペースを落としながらも需要の拡大が維持されれば、近い将来、改めて増産が求められる可能性は高まります。今後はどのように供給調整が進展し、いつ増産が求められる時代への転換が実現するかが注目すべきポイントとなりそうです。

Column

商品先物取引

トリビア ①

石油は何からできている？有機由来説と無機由来説

一度採掘しつくした油田が回復することも

石油（原油）は古代の動物や微生物の死骸が積み重なり、地中で長期間にわたって高温・高圧を受けた結果、変化してできた、というのが一般的に知られている石油有機由来説です。しかし、われわれのそんな常識を根底から覆す学説があります。

石油無機由来説は、惑星が誕生する際には必ず大量の炭化水素が含まれ、その炭化水素が惑星内部の高温・高圧を受けて石油に変質したのち、地上に向け浮上してくる──といいます。

この説に従えば、石油に無機物由来のダイヤモンド微粒子が含まれていること、生物がいた地層よりも下にある岩盤や地層がない花崗岩からも石油が採取できること、一度採掘しつくした油田の石油埋蔵量が回復することがあることも説明できるのです。

いまでは有機由来説も無機由来説も、「どちらも間違っていると言いがたい根拠を持っている」状態にあるといわれています。

Part 2

商品トレード はじめの一歩

商品先物取引をスタートする前に、必要最低限の基礎知識として知っておくべきこととは? 着実にリターンをゲットしていくためにも、最初の一歩が肝心! 投資の経験自体が浅い人は、特にこのPart 2をじっくりと読んでおきましょう。

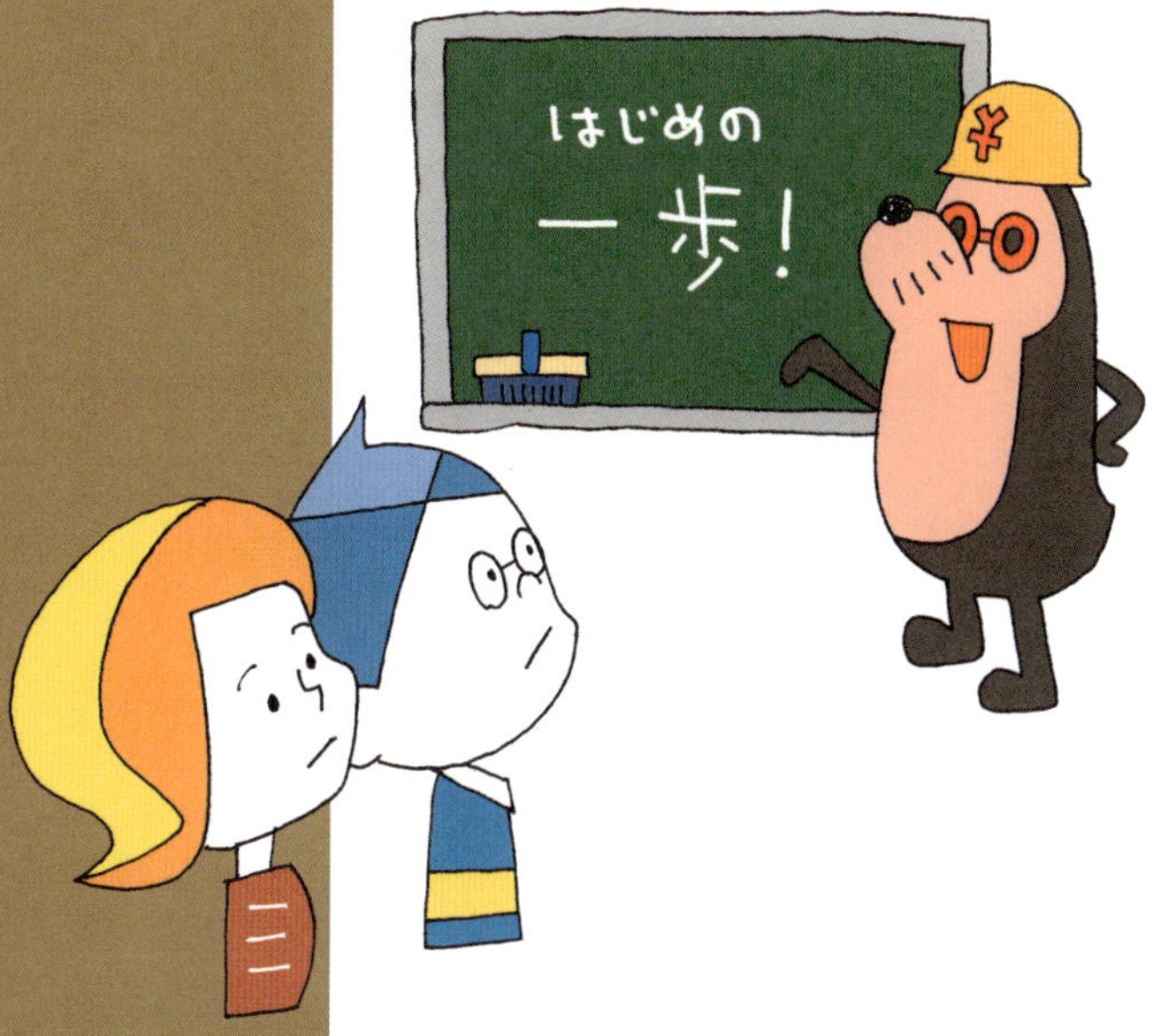

商品先物取引ってどんな投資なの？

モノに投資する それが商品先物取引

商品先物取引は株式やＦＸ取引と同じく投資の一手法です。株は企業に、ＦＸは為替に投資するように、商品先物は金（ゴールド）や原油、トウモロコシなど私たちの生活に欠かせないモノ（＝商品）に投資をします。その特徴をこれから説明していきましょう。

商品への投資にはさまざまなスタイルがあります。最もポピュラーな金投資を例に考えてみましょう。

金投資と聞いて多くの人が初めに思い浮かべるのは金貨やゴールドバー（金地金）、ネックレスの購入ではないでしょうか。貴金属店や宝飾店で実物を購入し、値上がりするまでじっと金庫に保管しておくのは、とてもわかりやすい金現物による資産運用方法です。

純金積立という方法もあります。毎月一定額ずつ買い貯めていく方法で、３０００円や５０００円、１万円といった比較的少額でも金投資ができることから人気を博しています。金価格が安い時は多く、高い時は少なく買うのが特徴で、結果として相場変動のリスクを軽減できるメリットがあります。

金鉱山を所有する会社の株式（金鉱株）を買う方法もあります。金鉱株は金価格に連動して上下します。しかし多くは外国企業なので株式投資の経験が浅い投資家には手が出しにくいかもしれません。

そのデメリットを解消した金鉱株ファンドと呼ばれる投資商品もあります。ただし、金鉱株も金鉱株ファンドも金そのものに投資するわけではないので、リターンが会社の業績に左右されることも考慮しておかなくてはなりません。

金ＥＴＦ（上場投資信託）は、金地金の現物で運用する投資信託を有価証券化して取引所に上場した金融商品です。当初は年金基金など海外の機関投資家がインフレリスク回避の目的で莫大な量を購入しましたが、比較的小口の投資が可能

金に投資する場合、どんな投資商品がある？

投資商品	金先物取引	金貨（現物）	ゴールドバー（現物）	純金積立	金鉱株	金ETF
特徴	証拠金取引。総代金の30〜40分の1で売買可能。他の投資に比べて投資効率がきわめて高い。	一般的には市場価格に連動して時価で取引されるが、デザイン料などが上乗せされる場合もある。額面は金地金の価値より低い。	地金商などで5グラムから購入可能。価格は毎日変動する。	月々3000円程度の少額の資金で金投資が始められる。金価格が変動するので買える量は毎回異なる。	金価格に連動する金の採掘・精錬会社の株式への投資。ただし国内株式市場への上場は少ないので海外株も視野に入れたい。	証券取引所で株と同様に取引できるETF（上場投資信託）。投資金額は最低数千円からの小口投資にも対応。
取引はどこで？	商品先物会社	地金商、宝飾品店など	商品先物会社、地金商、宝飾品店など	商品先物会社、地金商、銀行など	証券会社	証券会社
いくら必要？	金価格（時価）の数%の証拠金	金価格（時価）＋プレミアム	金価格（時価）	月々3000円から1000円単位で	株式価格	数千円から小口取引も対応
メリットは？	①少額で大きな取引が行なえるから資金効率がいい。②取引所でいつでも売買できる。③価格決定が公正。④現物の引き取りも可能。⑤盗難など保管の心配が不要。⑥「売り」もできるので価格が下がる局面でも利益が狙える。	①1枚単位で購入可能。②希少品としてプレミアムが付加される場合もある。	現物の金を持つことの安心感と満足感が得られる。	①少額で貯金感覚で投資できる。②現物や宝飾品に交換可。③価格が安い時に多く買えるドルコスト平均法の恩恵を受ける。	①金価格が下がっても企業業績や株式相場全体の動き次第では株価上昇も起こりうる。②価格決定が公正。③信用取引で「売り」もできるので下落局面でも利益が狙える。	①取引所でいつでも売買できる。②価格決定が公正。③現物の引き取りが可能な銘柄も。④盗難の心配なし。⑤信用取引も可能。「売り」もできるので下落局面でも利益が狙える。
デメリットは？	①取引開始まである程度の学習が必要。②相場が予想の反対に動いた場合は投資資金がゼロになるだけではなく、新たに資金を追加しなければならない場合もある。	①盗難リスクなど保管に気をつけなければいけない。②購入金額と売却価格の差額がある。③売却時には鑑定料がかかる場合も。	①盗難リスクなど保管に気をつけなければいけない。②購入金額と売却価格の差額がある。③500グラム未満は加工手数料（スモールバーチャージ）がかかる。	①年会費や手数料がかかるため、短期投資には不向き。②購入金額と売却価格の差額がある。	①企業業績や株式相場全体の動きによっては金価格上昇のメリットが相殺される場合も。②海外投資の場合は為替リスクもある。	①取引開始まである程度の学習が必要。②現物引き取りに手数料がかかる。③現物引き取りできない銘柄もある。

なことから世界的にも個人投資家の注目を集めました。その結果、金ETFの販売動向が金価格そのものに大きな影響を及ぼすまでになっています。

少ないお金で大きな取引 それが商品先物のメリット

さていよいよ商品先物取引の出番です。金先物取引も有効な金投資の手段です。後に詳しく説明しますが、商品先物取引は比較的少額の投下資金で大きなリターンを期待できる特徴があります。

例えば金地金1キロの購入には420万円を超える資金が必要です（2016年11月現在）。しかし金先物取引なら、その30分の1〜40分の1程度の資金で同じ1キロ分の取引ができるのです。この資金効率の良さは「レバレッジ（テコ）」という言葉で表現されます。商品先物取引のレバレッジが高いのは、FX取引同様に証拠金取引であるためです。

商品先物取引ってどんな仕組みなの？

モノを受け取らずにモノを買う モノを渡さずモノを売る

商品先物取引では、投資家は未来の商品価格の上がり下がりを予想して収益獲得を目指します。この基本的な仕組みは株やFX取引も同じです。この先、金価格が上がると思えば買えばよいし、下がると思えば売ればよいのです。

「でもちょっと待って。買うっていっても金の延べ棒を保管する金庫なんかないし、売るっていっても延べ棒は持ってないし……」

そんな声が聞こえてきそうです。しかしご安心を。「モノを受け取らずにモノを買える」「モノを渡さずにモノを売れる」のが商品先物取引の特徴なのです。

「モノを受け取らずにモノを買える」のは、きのう4500円で買った金の価格が、きょう4600円になったら売って、差額の100円を受け取って取引を終えることができるからです。投資家の立場としては、そもそも金の延べ棒が欲しいわけではありません。それよりも現金のほうがはるかに使い勝手がよいからです。株取引でもFX取引でも、株券や外国のおカネを金庫にしまいたくて取引するわけではありません。

「モノを渡さずにモノを売る」のも同じです。きょう4500円で売る約束をしながらも、そもそも品物を渡すつもりはなく、4400円になったら買い戻すことを前提としているからです。

売買価格の差で取引を終える これを「差金決済」という

では、もしも金を買ったあとになって、相手がゴールドバーを受け取って欲しいといったらどうするのでしょうか。

もちろん、そんな金塊を受け取るつもりはありません。しかしその心配もご無用です。商品先物取引では決済期限である「納会日」が来るまで、売った人は金を渡すことができないルールだからです。

ということは、買った投資家は納会日

商品先物取引は買いからも売りからもスタートできる

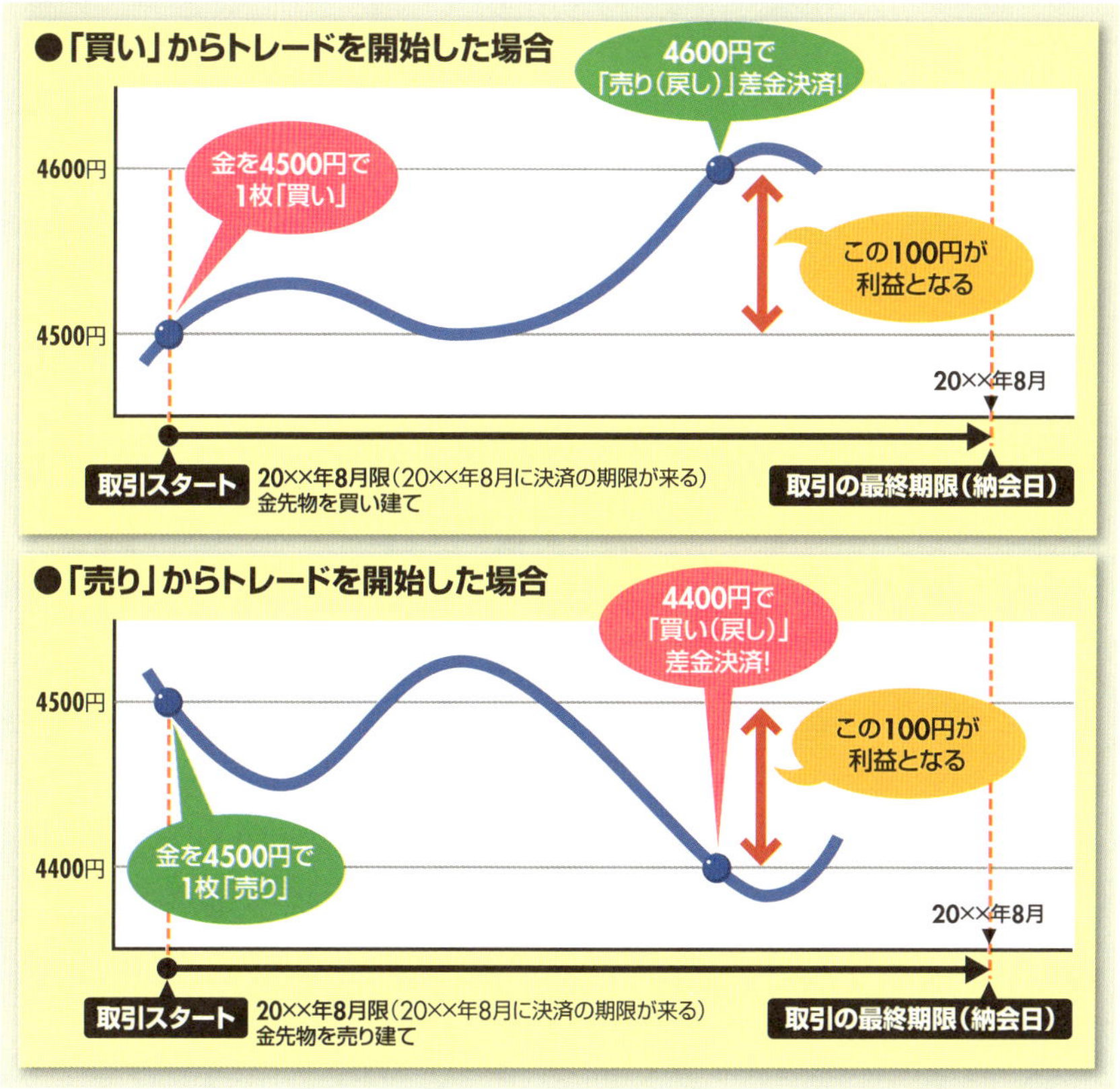

までにその金を売り戻せば（転売）、それで取引を終了できる理屈です。売買価格の差で取引を終えるこの仕組みを「差金決済」と呼びます。

注意しなければならないのは、商品先物取引では、4500円で買った金が納会日までに4500円より高くならなかった場合、つまり利益が得られない（＝損になる）状況にあっても、損を承知で売り戻しをしなければならない点です。この理屈はもちろん売りで始めた取引にもあてはまります。

ただし、商品先物取引では商品の現物を受け取って取引を終了することも可能です。例えば金の場合は、1キロあたり数百万円のおカネを出せば、金現物を手にすることもできます。そしてその金は、頃合いを見計らって先物市場または現物市場で売れば現金を得られます（金ミニや原油など現物の受け渡しが認められていない現金決済のみの商品もあります）。

商品先物取引の魅力って?

少額の資金で大きなリターンが狙える!

商品先物取引の最大の魅力は、冒頭でも紹介したとおり、少ない資金で大きな利益が狙える点にあります。

例をあげて説明しましょう。

東京商品取引所の2016年10月7日の金先物価格（先限）は4165円、およそ1カ月後の10月31日には4298円になっています。仮に4165円で買って、4298円で売り戻したらどうなっていたでしょう。4298円と4165円の差額133円の儲け？　いえいえ、そうではありません。

実はいま話題にしている4165円や4298円といった金価格は、1グラムあたりの価格なのです。では**実際に金先物市場で取引する量はというと、「金標準」※取引は1000グラム（1キロ）単位と決まっています。**

これを「取引単位」と呼びます。

実際に売買するのはこの取引単位の整数倍で、その際は「**枚**」という単位で数えます。

つまり金標準取引なら1枚は1000グラム、2枚は2000グラムです。また金の表示価格が1グラムであることから、金標準取引の「**倍率**」は1000倍となります。

商品先物取引は現物取引よりリターンがケタ違いに大きい

さて、今回は金標準取引を最低単位の1枚（1000グラム）買っていたとします。するとその時の利益は、**（売値－買値）×倍率×枚数**で計算します。

具体的な数字を当てはめてみましょう。

（4298円－4165円）×1000倍×1枚＝13万3000円

次は**投資に必要となる資金**を考えます。金先物取引の場合は、**取引の担保として預託する「取引証拠金」**と、**商品先物会社に支払う「委託手数料」**がそれにあたります。

少ない資金で大きな金額の投資ができる！

●株の場合（現物買いの場合）

1株 ＝ 4300円　　1単元 ＝ 100株

取引額：4300 × 100 ＝ 43万円 ÷ 元手：4300 × 100 ＝ 43万円 ＝ 1

取引額と同額の元手が必要

●商品先物の場合（金の場合）

1g ＝ 4300円　　1取引単位（枚） ＝ 1000g

取引額：4300 × 1000 ＝ 430万円 ÷ 元手：10万円 ＝ 43倍！

↓

金標準取引の証拠金

（※証拠金の額は取引会社によって異なる）

少ない元手で大きな取引ができる これを レバレッジ効果 という！

●主な商品の証拠金額（2016年11月現在）

投資商品	証拠金
金（標準）	9万円
金ミニ／ゴールド100	9000円
銀	3万5000円
白金（標準）	6万円
白金ミニ	6000円
ガソリン	12万5000円
灯油	14万円
原油	15万5000円
ゴム	5万円
大豆	2万円
トウモロコシ	4万円
東京コメ	6万円
大阪コメ	1万5000円
新潟コシ	1万円

証拠金の額は最低9万円（16年11月現在）です。「最低」としたのは、この9万円は投資家の取引証拠金を管理する「日本商品清算機構」が取引のリスクに応じて適宜定めている額で、商品先物会社はそれと同額以上を投資家から徴収する決まりになっているからです。計算を簡単にするために、10万円としましょう。

手数料は商品先物会社によって、また取引のスタイルによって異なります。ここではネット取引を想定して1000円とします。すると、必要なお金に対する利益の大きさ＝収益率は次の計算で求められます。

13万3000円÷10万1000円＝約132％

では商品先物取引ではなく、金の現物を取引していたらどうだったでしょう。投下資本は当初の購入代金416万円。同じ計算で収益率は約3・2％と格段に低くなっていたはずです。

※金先物取引には「標準」取引と「ミニ」取引、東京ゴールドスポット100の3種類があります（48ページ参照）。

商品の取引単位ってみんな同じなの？

商品の銘柄ごとに取引単位は異なる

商品取引所ではいろいろな商品が取引されていますが、取引単位は、金は1キログラム（標準取引の場合）、原油は50キロリットル、トウモロコシは50トンというように、それぞれ異なります。ちょうど株式の売買単位（単元株数）が1株であったり、100株、あるいは1000株だったりするようなものです。

また市場で決まる価格も、株式はすべて「1株あたり円」で統一されていますが、商品の場合は、金と白金は「1グラムあたり円」、トウモロコシと大豆は「1トンあたり円」、原油・ガソリン・灯油は「1キロリットルあたり円」、ゴムは「1キログラムあたり円」とさまざまです。

価格がいくらずつ動くかも商品によって異なります。金・白金は「1円刻み」、トウモロコシ・大豆は「10円刻み」、原油・ガソリン・灯油も同様に「10円刻み」、ゴムは「10銭刻み」です。この最小の値動きを「**値刻み**（ねきざみ）」とか「**ティック**」などといいます。

なんだか混乱しそうですが、実はFXでも同じです。取引単位は、店頭取引（相対取引）業者の中には1000通貨単位での取引を受け付けるところもありますが、一般的には1万通貨単位です。

表示価格と値刻みは取引する通貨によって異なります。例えば「米（豪）ドル／円」取引なら「1米（豪）ドルあたり0.01円刻みや0.001円刻み」、「ユーロ／米ドル」取引なら「1ユーロあたり0.0001ドル刻みや0.00001ドル刻み」などです。FX取引をしている投資家ならすんなりわかることでしょう。要は、取引対象によって取引量と値動きの単位が異なると覚えればよいのです。

商品先物のレバレッジはFXより高めに設定される

こうした点を理解しておくと、自分の取引規模を把握できるようになります。

主な商品の取引単位を知っておこう!

商品名	表示価格の単位(呼値)	取引単位	倍率	○○円の値動きで→ (値動き×倍率=価格変動)
金(標準)	1g	1kg	1000倍	10円→10×1000=1万円
金ミニ	1g	100g	100倍	10円→10×100=1000円
ゴールド100	1g	100g	100倍	10円→10×100=1000円
銀	1g	10kg	10000倍	1円→1×10000=1万円
白金(標準)	1g	500g	500倍	10円→10×500=5000円
白金ミニ	1g	100g	100倍	10円→10×100=1000円
原油	1kl	50kl	50倍	100円→100×50=5000円
ガソリン	1kl	50kl	50倍	100円→100×50=5000円
灯油	1kl	50kl	50倍	100円→100×50=5000円
ゴム	1kg	5トン	5000倍	1円→1×5000=5000円
トウモロコシ	1トン	50トン	50倍	100円→100×50=5000円
大豆	1トン	25トン	25倍	100円→100×25=2500円
小豆	30kg	2400kg	80倍	100円→100×80=8000円
東京コメ	60kg	12トン	200倍	100円→100×200=2万円
大阪コメ	60kg	3トン	50倍	100円→100×50=5000円
新潟コシ	60kg	1.5トン	25倍	100円→100×25=2500円

例えば、ある日の金価格が1グラムあたり4500円だったとすれば、金標準先物取引1枚の価値は4500円の1000倍で450万円となります。同様に1キロリットルあたり3万5000円の原油1枚の価値は175万円、2万5000円のトウモロコシは125万円です。この1枚あたりの金額を「**総取引金額**」と呼びます。

総取引金額を必要な証拠金で割って求めた倍率が「レバレッジ」です。レバレッジは単位あたりの証拠金額に対する投資効率を示すモノサシです。

総取引金額は日々変動しますが、およそのレバレッジは金が40〜45倍、ガソリンは30〜35倍、トウモロコシは25〜30倍程度です。一方、取引に売買代金全額が必要な株式取引や金の現物取引は1倍。FX取引では最大25倍。商品先物取引が高レバレッジであることがわかります。

商品先物取引にしかない特徴は？

取引を終えなければいけない「限月」という仕組みがある

商品先物取引にあって株取引とＦＸ取引にないもの――それが「限月（げんげつ）」です（東京ゴールドスポット１００を除く）。限月は、ひと言でいうと「取引の期限」です。株取引やＦＸ取引では理屈の上では買い、または売りで取引を始めたら、ポジション（注文が成立し、まだ決済されていない取引）はいつまでも持ち続けることが可能です。しかし商品先物取引では一定の期日までに、必ず決済しなくてはなりません。その日が38ページでも説明した「納会日（当月限取引最終日）」です。

左ページの「先物相場表」のトウモロコシをご覧ください。「限月」の横に「始値」「高値」「安値」「現在値」「前日比」……と項目が並んでいます。株取引やＦＸ取引の経験者はもちろん、投資取引の未経験者でも「限月」以外は、ある程度推測がつくでしょう。

「限月」の下には「16／11」「17／01」「17／03」……と並んでいます。これは「２０１６年11月」「２０１７年１月」「２０１７年３月」に取引の期限が来るという意味です。それぞれ「２０１６年11月限（がつぎり）」「２０１７年１月限」「２０１７年３月限」……と読みます。

限月の項目をさらに下にいくと「17／09」すなわち「２０１７年９月限」で終わっています。つまりこの時点では、２０１７年９月より未来の取引はできないことになりますが、２０１６年11月限が当月限取引最終日を迎えると新たに「２０１７年11月限」が生まれ、商品先物取引は先へ先へと延々と取引が続くのです。

先物相場表から現物の需給がわかる

今度は限月と前日帳入値をあわせてご覧ください。納会日に近い限月（例えば２０１６年11月限）を「期近（きぢか）」、より遠い限月を「期先（きさき）」と呼

「限月」とはトレードの決済期限を示す

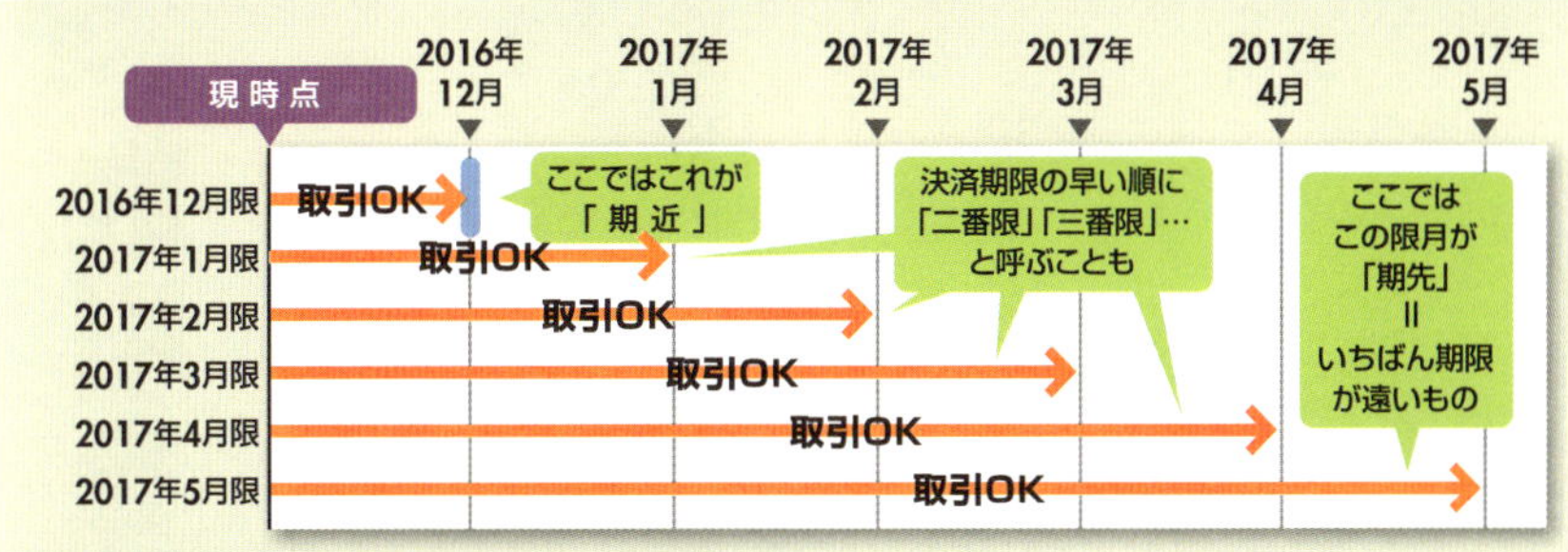

●先物相場表・各限月の価格はこのように表示される

トウモロコシ

限月	前日帳入値	始値	高値	安値	現在値	前日比	出来高
16/11	16,320	16,130	16,390	16,130	16,370	50	13
17/01	18,830	18,800	18,800	18,350	18,390	-440	50
17/03	19,500	19,480	19,480	19,090	19,270	-230	126
17/05	19,320	19,140	19,300	19,110	19,120	-200	140
17/07	19,630	19,590	19,700	19,470	19,660	30	1,074
17/09	19,560	19,550	19,670	19,420	19,600	40	1,395
合計							2,798

期近（この場合は16年11月限）から期先（もっとも遠い17年9月限）にかけて価格が高い＝**順ザヤ**

ゴム

限月	前日帳入値	始値	高値	安値	現在値	前日比	出来高
16/07	165.5	165.9	166.0	165.9	166.0	0.5	4
16/08	160.0	160.5	161.0	160.4	161.0	1.0	28
16/09	154.1	155.0	155.4	155.0	155.3	1.2	5
16/10	152.8	153.3	154.3	153.3	153.8	1.0	107
16/11	152.0	152.5	153.7	152.5	152.5	0.5	207
16/12	153.0	153.0	154.5	153.0	153.3	0.3	843
合計							1,194

期近（この場合は16年7月限）より期先（もっとも遠い16年12月限）のほうが価格が安い＝**逆ザヤ**

びますが、トウモロコシ相場は期近から期先に向かうに従って、価格が高くなっています。この限月と価格の関係はきわめてノーマルな状態で「**順ザヤ**」と呼びます。期先の価格が期近よりも高いのは、期先納会日に現物の受け渡しを想定しているためで、その間の倉庫料や保険料が反映されているからです。

逆に期先よりも期近の価格が高くなることもあります。トウモロコシの下に示したゴムの先物相場表がそれで、この逆転状態を「**逆ザヤ**」といいます。こうした現象が起きるのは「いま」目先のゴムを欲しがっている人が多いためとの推測が成り立ちます。すなわち相場表からは需給のひっ迫が読み取れるのです。もちろん需給が緩和すれば、それに伴って逆ザヤも解消に向かいます。商品先物取引では、限月間の価格差の拡大・縮小を狙った取引（126ページ参照）もポピュラーな戦略として定着しています。

取引を始めるにはいくら必要？

証拠金の額は取引会社によって異なる

商品先物取引をするには、まず商品先物会社に取引口座を開設し、投資資金を預けなければなりません。

「商品先物取引をするにはいくら必要？」

よくある質問ですが、ひと言では答えられません。その理由を説明しましょう。

商品先物取引はＦＸ取引と同じ証拠金取引（取引会社に担保となる資金を預けておいて取引すること。この資金を証拠金という）です。取引の過程で計算上の損が生じ、一定のラインを超えても取引の継続を望む場合には、証拠金の追加預託が必要となることがあります。

日本商品清算機構が定める金標準取引の最低証拠金額（正確には「プライス・スキャン・レンジ（ＰＳＲ）」といいます）は１枚あたり９万円（２０１６年11月現在）です。この時、商品先物会社は投資家が金先物を取引するにあたって９万円以上の額を「委託者証拠金（証拠金必要額※）」として徴収する決まりになっています。ただし９万円（ＰＳＲの１００％）を徴収するか、それ以上の額を徴収するかは先物会社が決められます。つまり質問の答えのひとつは「商品先物会社により異なる」です。

仮に「９万円で金先物１枚取引ＯＫ」という会社があったとします。しかしＰＳＲは取引の間、清算機構に預託しておかなければならない最低額ですから、自分のポジションとは逆に相場が動いて（買いなら下落、売りなら上昇）計算上の損が生じた場合、証拠金は不足し、最低額を下回ってしまいます。

このため商品先物会社はＰＳＲを上回る、例えばＰＳＲの１１０％や１２０％の額を委託者証拠金の額に設定することもあります。そして投資家の計算上の損が発生し、証拠金の有効部分（預託した証拠金額から計算上の損失を差し引いた額）が委託者証拠金の額を下回った状態でその日の取引を終えたら、改めて委託

損失による委託者証拠金不足は口座預託金から充当

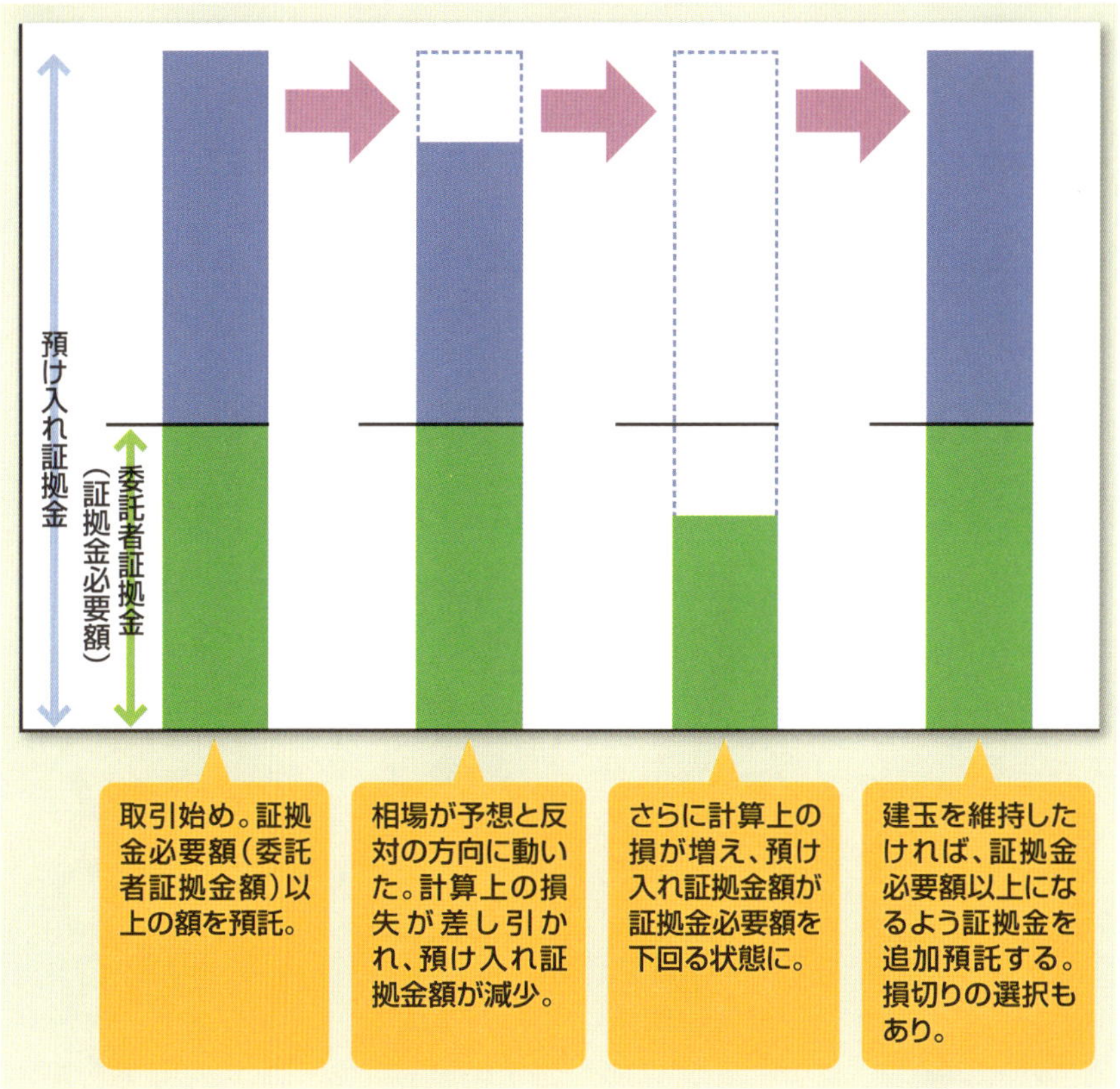

預け入れ証拠金
委託者証拠金（証拠金必要額）
取引始め。証拠金必要額（委託者証拠金額）以上の額を預託。
相場が予想と反対の方向に動いた。計算上の損失が差し引かれ、預け入れ証拠金額が減少。
さらに計算上の損が増え、預け入れ証拠金額が証拠金必要額を下回る状態に。
建玉を維持したければ、証拠金必要額以上になるよう証拠金を追加預託する。損切りの選択もあり。

者証拠金の水準に復帰するまで追加の証拠金預託を求めるのです。

証拠金の数倍のお金を預けて余裕の取引を！

しかし仮に110％や120％の水準としても、金価格が10円または20円不利な値動きをすれば追加預託が必要になりますし、実際、金価格が1日で10円ないし20円変動するのは珍しいことではありません。

このため投資家は自分が仕掛けようとする取引に必要な証拠金を上回る額の資金を預託するのが現実的です。実際、大多数の投資家はそのようにして商品先物を取引しています。預託額と証拠金必要額の関係は一概にはいえませんが、証拠金必要額が10万円に等しい取引をするなら預託額は30万円、証拠金必要額が30万円なら預託額は90万円程度がひとつの目安というプロフェッショナルもいます。

※委託者証拠金および委託者証拠金に復帰させるための水準は、商品先物会社によって「維持証拠金」「不足回復ライン」など異なる呼び方があります。

初心者におススメの取引ってある？

ミニ取引はビギナーにうってつけ！

商品先物市場には、投資経験の浅い人が、値動きと損益のバランス感覚を養うのにうってつけの取引が複数用意されています。

まずはじめは**「ミニ取引」**です。ミニ**取引には「金ミニ取引」と「白金ミニ取引」の2銘柄があり、それぞれ「金標準取引」「白金標準取引」に比べて売買単位が小さい**こと、現物の受け渡しが認められていないこと以外、取引ルールは同じです。

金ミニ取引の売買単位は100グラム、金標準取引は1000グラムなので、倍率は100倍と1000倍です。つまり金ミニは、金標準取引の10分の1のサイズになります。このため金の表示価格が1円動くと金ミニ取引は100円、金標準取引は1000円の価格変動が生じることになります。

最低証拠金額（PSR）も、ミニ取引は価格変動が損益に及ぼすインパクトが小さくなるため、売買単位と同様に金標準取引の10分の1に設定されています。

白金取引では、売買単位は白金標準の500グラムに対して白金ミニは5分の1の100グラムとなっています。最低証拠金額も同じ割合で、白金ミニは白金標準の5分の1の大きさです。

取引期限のないゴールド100 損失限定の金オプション

東京ゴールドスポット100（ゴールド100、詳細は56ページ）は金標準取引の価格を用いて算出した金の現在の価値（理論スポット価格）を売買します。売買単位は金ミニと同じ100グラムで、最低証拠金の額も金ミニと同額です。

ゴールド100が通常の商品先物取引と異なるのは限月がない点です。このため取引ルールは、どちらかといえばFX取引に似ており、反対売買をしない限りポジションは自動的に翌営業日に持ち越

ミニだからといってあなどるなかれ！

されます。ＦＸ取引の経験者にはわかりやすい仕組みといえそうです。

オプション損失限定取引（詳細は62ページ）は金先物取引をベースとする取引で、将来、金先物価格が上がると思えばコールオプションを買い、下がると思えばプットオプションを買います。

オプション損失限定取引には限月があるため、一定の期間内に取引を終了しなければなりません。取引の終了の仕方は3通りあります。

①期限前ならいつでも反対売買をすることで損益を確定できます。②取引最終日までポジションを持ち続けた場合は、取引が利益となる場合は売買が清算されて益金を受け取ることができます。③ポジションが利益にならなかった場合は、購入したオプションは消滅します。その際の損は当初支払ったプレミアム（＝オプションの代金）だけで、それ以外の損（支払い）は生じません。

商品ってどんな値動きをするの？

東京の金先物市場は NY市場との連動性が高い

商品価格の形成に最も大きな影響を及ぼすのは需要と供給の関係です。買いたい人が多ければ価格は上がるし、それを上回る売りたい人がいれば逆に価格は下がる理屈です。

しかし、それればかりではありません。資源輸入国である日本の商品取引所で取引されているのは、コメと小豆を除くほぼすべてが輸入商品（国際商品）です。取引は円建てで、このため円安になれば価格上昇圧力を受け、円高になればその逆の圧力を受けます。

また商品には、それぞれ指標となる市場と価格が存在します。左ページのチャートはニューヨーク（NY）市場と東京市場の金先物価格ですが、値段の動きにはきわめて高い類似性が見てとれます。

その理由は、東京市場の金先物価格は、取引参加者がより世界的で取引量も多いNY市場の価格を参照しながら動いているためです。つまりNY市場で金価格が高くなれば日本市場も高くなり、NY市場で金価格が安くなれば日本市場も安くなるのが基本的な構図といえます。

この時、もし為替レートが固定制なら値動きの類似性はより強まるはずです。しかし現実には為替レートは常に変動しているので、NY金価格が上昇しても円が米ドルに対して高く（円高）なれば金価格の上昇分は相殺され、東京市場では思ったほど高くはなりません。逆に円安場面では金価格の上昇が増幅され、東京市場の価格はより高くなります。

公式で理論値は計算できるが実際の価格は需給などで決まる

NY金価格を円建て価格に換算する公式があります。

（NY金価格＋輸入諸経費）÷31・1033×円相場

輸入諸経費はNY金を日本国内に持ち込む場合に想定される運賃や保険料など

日米の金価格の連動性を確認

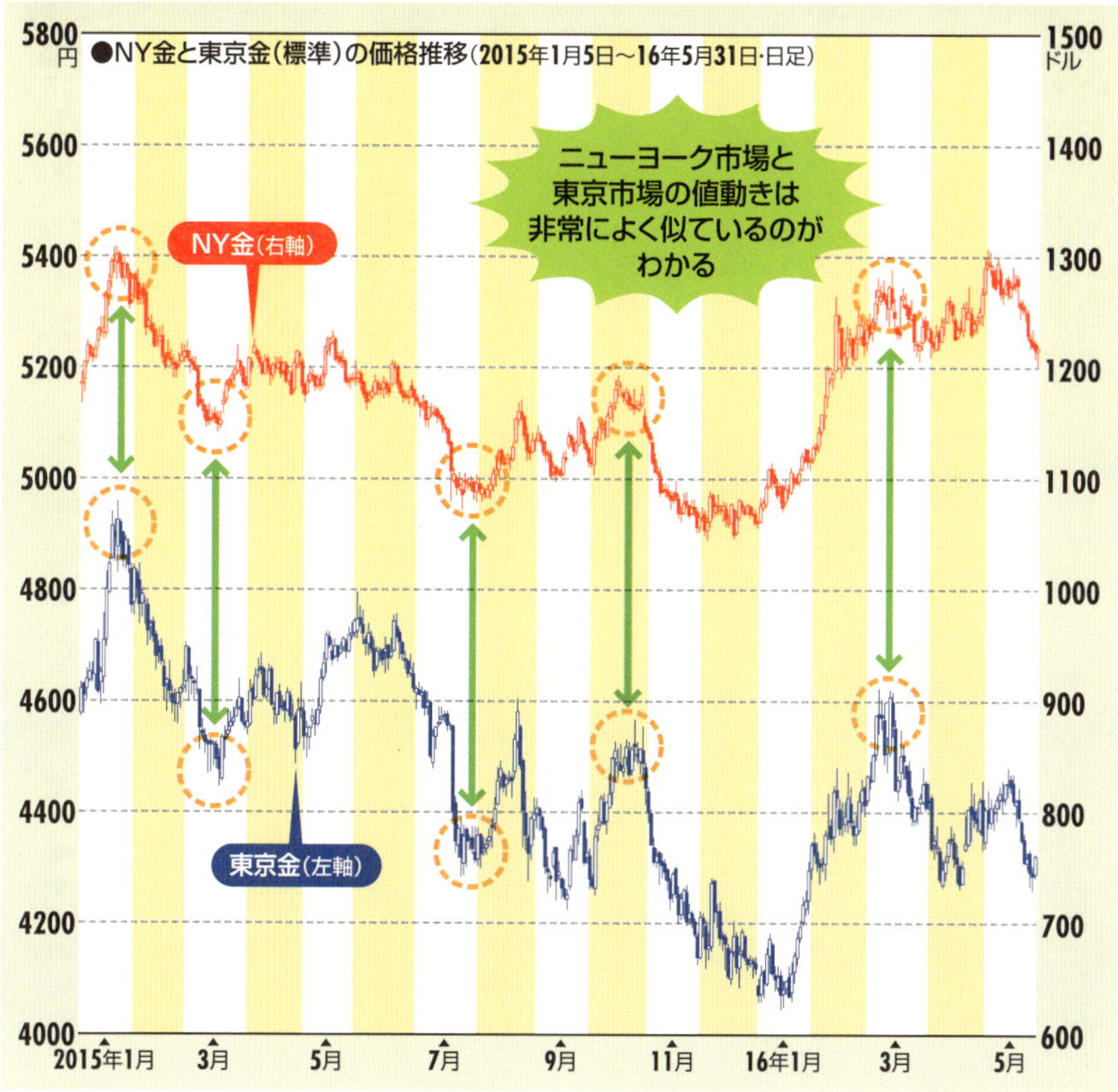

で、ここでは仮に1ドルとします。この諸経費を金価格に加味し、NY金先物の取引単位（トロイオンス）を日本式のグラムに換算するため31・1033で割り、さらに円相場をかけて理論上の円建て金価格を算出します。

例えばNY金価格が1300ドルの時1ドルが105円なら円建て金の理論価格は4392円となりますが、円高が進み100円になったら4183円に、逆に110円の円安になったら4601円へと変化します。また1ドル105円でNY金価格が1200ドルなら4054円、1500ドルに高騰したら5067円になる計算です。ただし、これに国内固有の事情とNY金価格形成以降のタイムラグによる需給関係の変化などが反映されるため、実際の国内金価格は「理論値」とは異なります。

同様に原油やガソリン、トウモロコシなどにも理論値を求める公式があります。

商品先物取引の注文方法を教えて！

大きく分けると指値注文と成行注文の2種類になる

商品先物価格は商品取引所（の商品先物市場）で決まります。

商品取引所にはさまざまな立場の人々が、さまざまな意見を「買い」か「売り」のいずれかの注文に変えて持ち寄ります。その売買注文がマッチし、取引が成立（「約定（やくじょう）」といいます）すれば最新の価格が形成され、世界に向けて瞬時に発信されます。

売買する際は、商品と限月、「買い」か「売り」を選び、枚数を決めます。そして注文方法は、価格を指定する「指値（さしね）注文」と、指定しない「成行（なりゆき）注文」に大きく分類されます。

指値注文は、買い注文であれば指定以下の価格で、売り注文であれば指定以上の価格で約定するように求めます。

これに対して成行注文は価格を指定せず、約定を優先させる注文です。成行注文は指値注文に比べて約定しやすいメリットがあります。しかし発注した枚数すべての約定が保証されるわけではないうえ、価格の変動が激しい時や取引量が少ない時は思った以上に高い買値、安い売値で約定する場合もあるので、その点は注意が必要です。

公平性を保つための「価格優先・時間優先の原則」

投資家は商品先物会社を通じて売買注文を市場に伝えます。その時、注文が約定するタイミングによっては有利・不利が生じることがあります。そうした不公平が起きないように、商品市場に出された注文は「価格優先・時間優先の原則」に則って処理されることになっています。

この時、「価格優先」の原則は次のように運用されます。

①「買いの指値注文」では、指定の価格が高い注文は、指定の価格が低い注文より優先する。

商品先物取引の注文方法は多彩

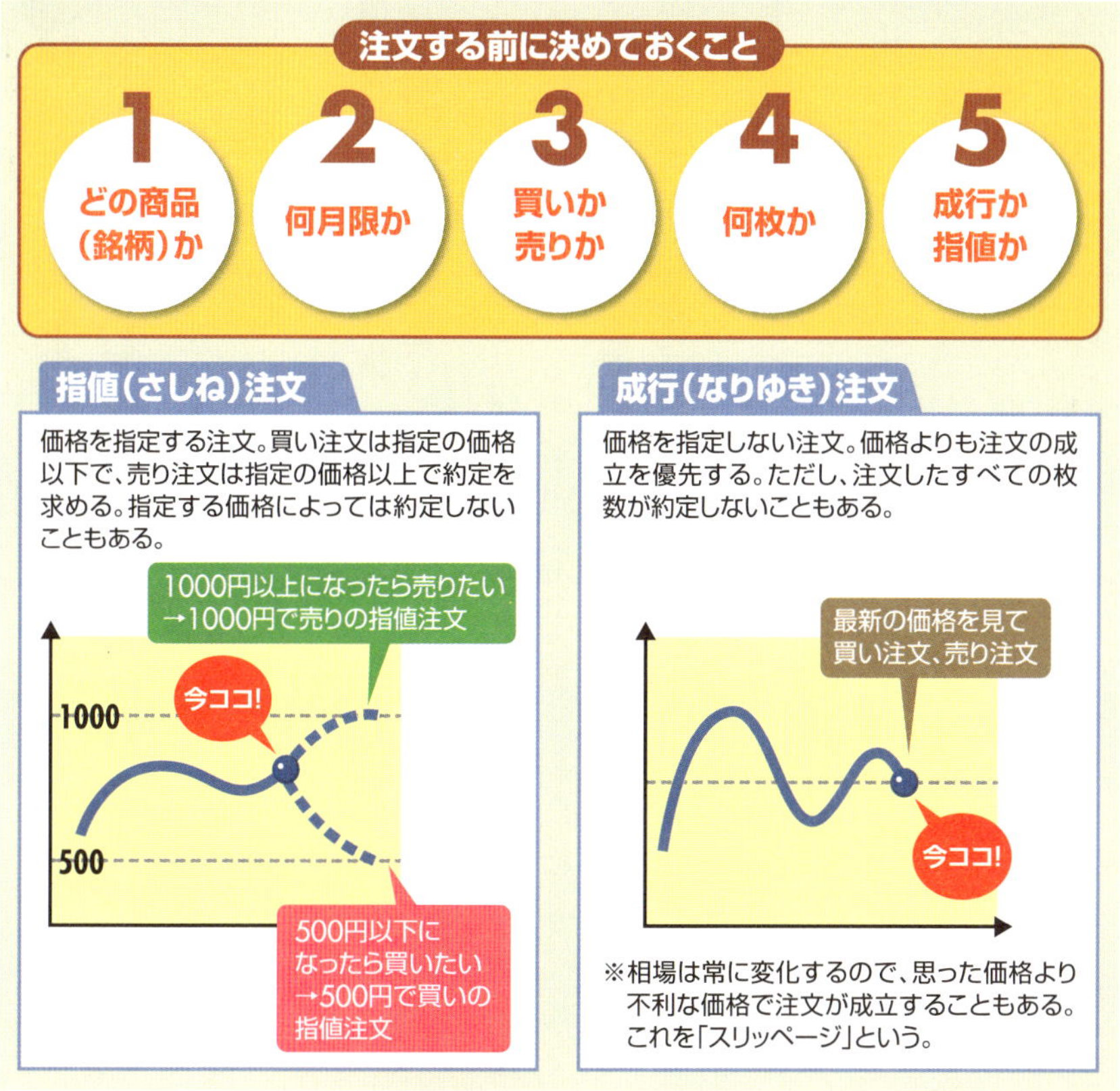
注文する前に決めておくこと
1 どの商品（銘柄）か
2 何月限か
3 買いか売りか
4 何枚か
5 成行か指値か
指値（さしね）注文
価格を指定する注文。買い注文は指定の価格以下で、売り注文は指定の価格以上で約定を求める。指定する価格によっては約定しないこともある。
1000円以上になったら売りたい→1000円で売りの指値注文
今ココ!
1000
500
500円以下になったら買いたい→500円で買いの指値注文
成行（なりゆき）注文
価格を指定しない注文。価格よりも注文の成立を優先する。ただし、注文したすべての枚数が約定しないこともある。
最新の価格を見て買い注文、売り注文
今ココ!
※相場は常に変化するので、思った価格より不利な価格で注文が成立することもある。これを「スリッページ」という。

②「売りの指値注文」では、指定の価格が低い注文は、指定の価格が高い注文より優先する。

③「成行注文」は他の注文に優先する。

別の言葉で表現すると、高く買いたい人と安く売りたい人は、安く買いたい人と高く売りたい人に優先して注文が約定し、値段を指定しない人はさらに優先して注文が約定する――ということです。

また「時間優先」の原則では、**同一値段の注文（「価格優先」の下では同じ優先順位）は、取引所のシステムが先に受け付けた注文が遅く受け付けた注文より優先することになります。**

なお東京商品取引所が受け付ける注文は指値注文と成行注文以外にも、同一商品の複数の限月や関連商品を組み合わせて**「スプレッド取引」**を容易にする注文などもありますが、それらも含めて価格優先・時間優先の原則が適用されます。

損益の計算を詳しく教えて！

（売値－買値）×倍率×枚数
これさえ覚えれば大丈夫！

40ページでは金標準取引を例に損益の計算方法を紹介しました。ここでは一歩進んで、**倍率が異なる商品や売りから始めた取引の損益を計算してみましょう。**

まずは公式を思い出してください。

（売値－買値）×倍率×枚数

この公式をそれぞれのパターンに当てはめればそれでOK。難しく考えることはまったくありません。まずは買いからスタートした場合を考えましょう。

なお、ここで取り上げたのはあくまで例であり、この商品を買えば儲かる、これを売れば損するというわけではありません。念のため。

【原油の買いで利益が出たパターン】

中東やアフリカの産油国における政情不安がやまないため供給不安は今後もしばらく継続すると考え、原油先物を5月9日に2万8070円で1枚買ったところ、相場は狙い通りに上昇。3万3000円になったところで利益を確定するために「反対売買」をしました。

公式に必要な数値は次の通りです。

買値＝2万8070円（5月9日）
売値＝3万3000円（6月1日）
倍率＝50倍
枚数＝1枚

計算式＝（3万3000円－2万8070円）×50倍×1枚＝24万6500円

【大豆の買いで損が出たパターン】

米国穀倉地帯の天候不順による農産物価格高騰を予想しながらも万一を考えて、トウモロコシ先物より倍率の低い大豆先物を5月18日に4万8850円で3枚買った。しかし相場は下落。5月25日にこれ以上の損失拡大を避けるために4万7320円で売って損を確定させました。

買値＝4万8850円（5月18日）
売値＝4万7320円（5月25日）
倍率＝25倍
枚数＝3枚

計算式＝（4万7320円－4万885

商品先物取引で利益が出た場合の仕組み

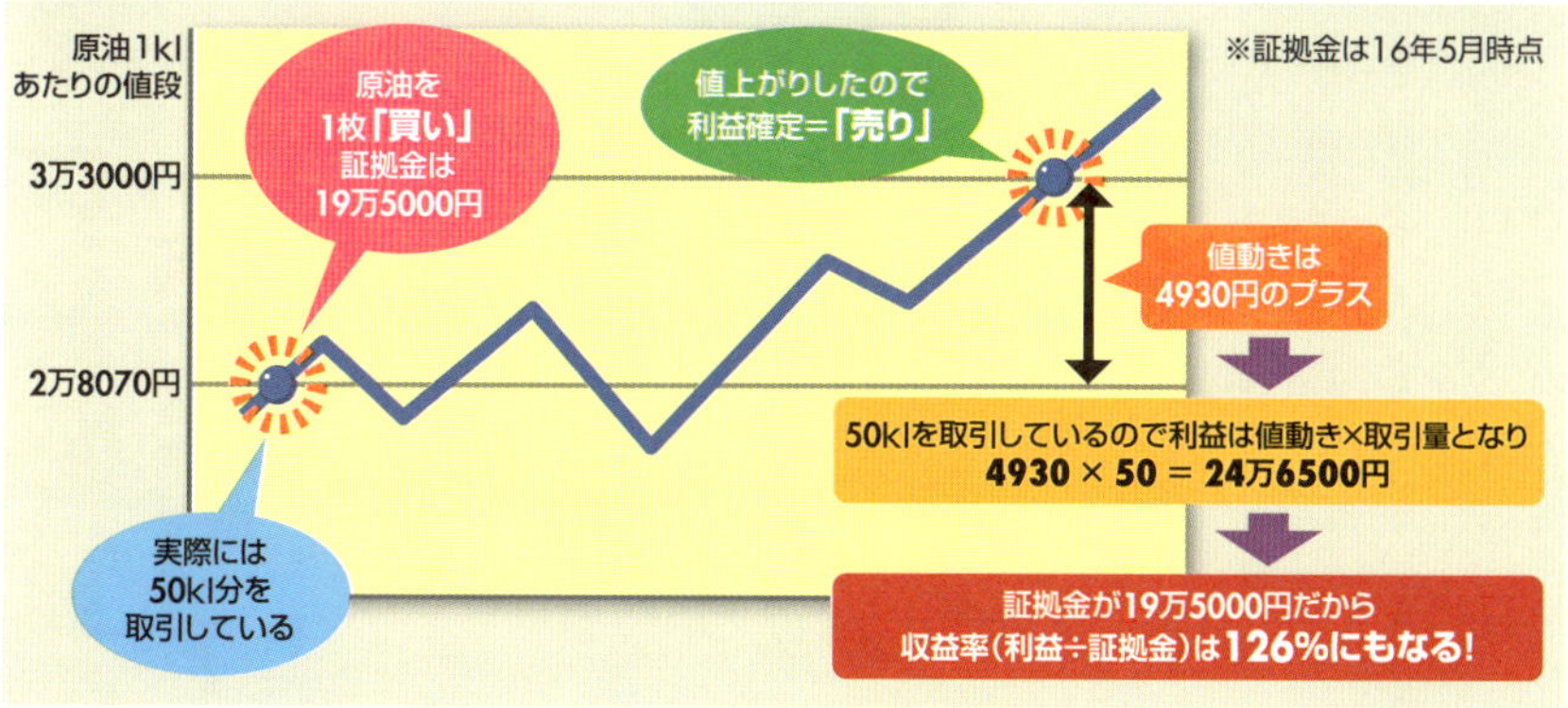

0円）×25倍×3枚＝▲11万4750円

商品先物は下落場面で簡単に「売り」ができる！

商品先物取引では、先行き相場が下がると思ったら、簡単に売りから取引が始められるメリットがあります。株式のカラ売りのように逆日歩や貸株賃料を支払ったり、FX取引のように金利差次第でスワップ金利を徴収されることはありません。売りからスタートした取引の損益も計算しておきましょう。

【白金の売りで利益が出たパターン】

世界でも突出して生産量が多い南アフリカ共和国の大手鉱山で発生していたストライキが収束したとのニュースから、供給が再開してタイト感は薄れ、それにより価格は下落するだろうと予想し、5月12日に白金先物を3743円で2枚売った。予想通り価格が下がったので、6月3日に3340円で買い戻して利益を確定しました。

売値＝3743円（5月12日）
買値＝3340円（6月3日）
倍率＝500倍
枚数＝2枚
計算式＝（3743円－3340円）×500倍×2枚＝40万3000円

【ゴムの売りで損が出たパターン】

産地の東南アジアでまとまった降雨があり水不足が解消されたとのニュースを受け、それまでの高値に下降圧力がかかると予測して4月11日にゴム先物を175・0円で2枚売った。予想に反して価格が上昇したため、4月27日に185・3円で損切りしました。

売値＝175・0円（4月11日）
買値＝185・3円（4月27日）
倍率＝5000倍
枚数＝2枚
計算式＝（175・0円－185・3円）×5000倍×2枚＝▲10万3000円

FX感覚の金先物取引「東京ゴールドスポット100」が人気

取引期限がないからいつまでもポジションを持てる

商品先物取引は本来、将来の売買を約束する取引です。しかし東京ゴールドスポット100（ゴールド100）は、金の「いまの価値」を取引する新しいタイプの先物取引です。投資効率の高さなど先物取引のメリットはそのままに、ポジションを持ち続けられる、比較的少額の資金で取引できることなどから、1日あたりの取引は重量換算で約2トンにのぼるほど個人投資家の人気を集めています。

ゴールド100で取引する金の「いまの価値」は、正式には「理論現物価格」と呼ばれるもので、東京商品取引所が金標準取引の価格をもとに算出しています。理論現物価格は取引所のホームページで5分ごとに更新され、公表されています。

ゴールド100の価格は市場の需給関係が反映されるため、必ずしも理論現物価格と一致するとは限りません。しかし国内外の政治・経済情勢や為替といった価格変動要因に変わりはありません。

ゴールド100でポジションを持ち続けられるのは、先物取引に特有の限月がないからです。必然的に現物の受け渡しおよび取引最終日も発生せず、いったん建てたポジションは手仕舞いするまで、自動的に翌日に持ち越されることになります。この仕組みは同じ証拠金取引のFXと同じですから、ゴールド100はFX感覚の金取引と考えることもできます。

ただしFXと異なるのは、スワップポイントがつかないこと。これは一見損にも思えますが、逆にいえば同じ条件で「買い」と「売り」ができることを意味しています。受け取りスワップに幻惑されることなく、素直に相場観に基づいて売買できるメリットがあるのです。

バイ・アンド・ホールド戦略が低いコストでできる

ゴールド100の売買単位は金ミニ取引と同じ100グラム。このため証拠金

右肩上がりで上昇中！　注目のゴールド100

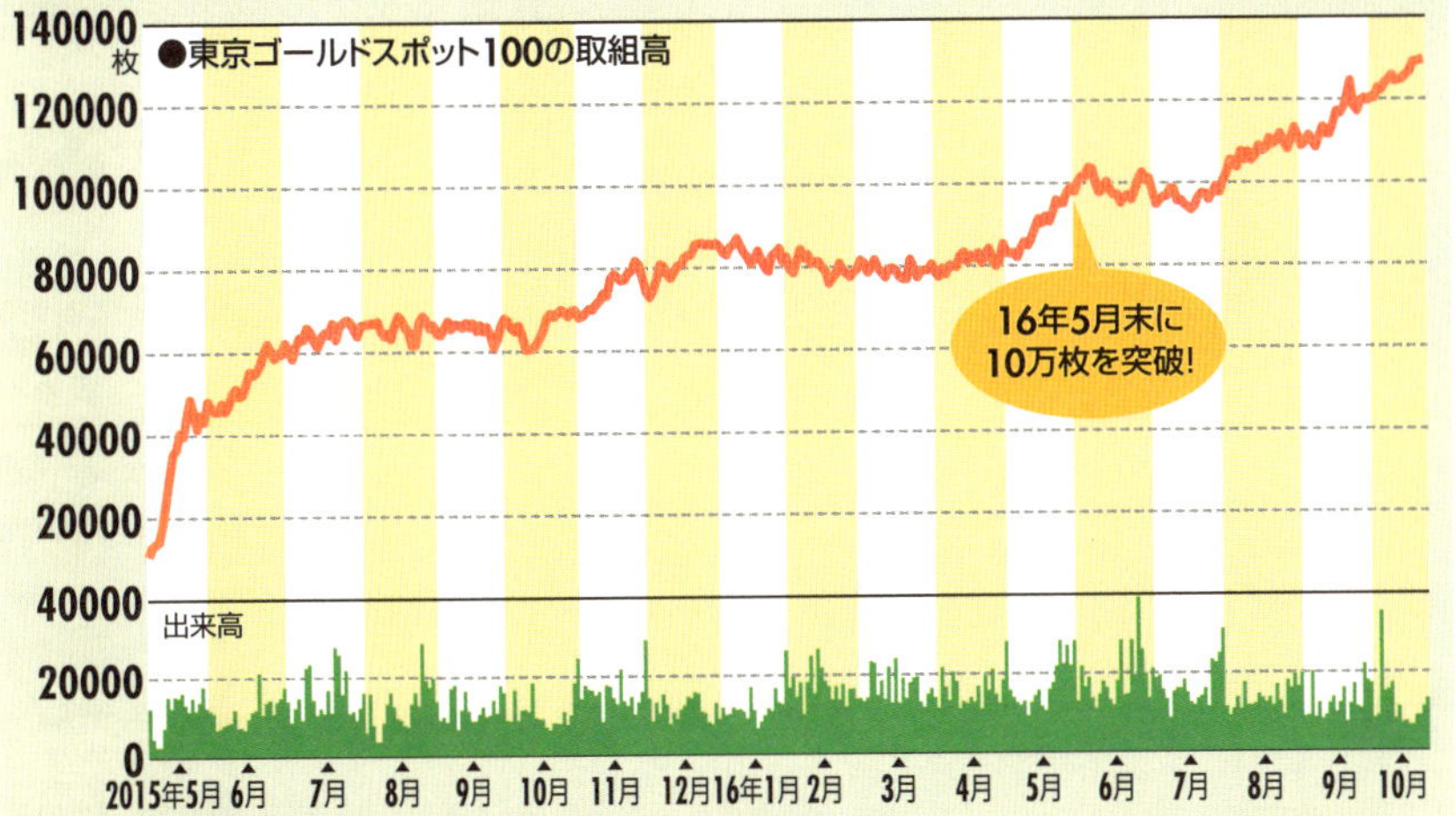

東京ゴールドスポット100の5つの魅力

1. **取引に期限がない**
   FXと同様、ポジションは自動的に翌営業日に持ち越される
2. **夜間も取引できる**
   土日・祝日を除く9時～15時15分、16時30分～翌5時30分までOK
3. **FXと損益通算ができる**
   損失は3年間の繰越が可能、他の金融商品との通算もできる（例外あり）
4. **資金効率が高い**
   証拠金取引なので、レバレッジ効果がある
5. **取引所取引なので安心**
   さまざまな投資家保護制度も完備されているから、安心

の額は金標準取引の10分の1で、2016年11月現在の最低額（PSR）は9000円となっています。

極端に預金金利が低い経済環境の中で、金を買って長期保有（バイ・アンド・ホールド）するのはスタンダードな投資戦略です。ただ100グラムの金現物を所有するには約43万円の購入資金（16年11月現在）に加え、場合によっては保管や保険にかかるコストも必要になります。

しかしゴールド100なら40万円を超える初期資金は要りませんし、保管・保険コストもかかりません。長期保有を目的とした場合、一時的な相場の下落により追加の証拠金預託を求められる可能性は否定できませんが、満額が必要になるのはゴールド100の価格がゼロになった場合のみで現実的にはあり得ません。

もちろん安い証拠金のメリットを活かして、積極的にキャピタルゲインを狙うこともできます。

商品先物取引ってどう社会に役立っているの？

資本主義経済に不可欠な存在

商品先物取引は「ゼロサムゲーム」だといわれることがあります。ゼロサムゲームとは、複数の参加者がいる中で、敗者の資金を勝者が分け合う状況を指します。だから「いくら取引しても総体としてはゼロのままだから経済的価値はない」とする理屈ですが、しかしそれは大きな誤解です。商品先物市場では価格形成の過程で重要な経済効果が発揮されています。このため商品先物取引は資本主義経済に不可欠な産業インフラと認識されているのです。

たしかに商品先物市場だけを見れば利益の総額と損失の総額は対当しています。しかし商品先物取引で損失が出たとしても、それは経営上の損失リスクを回避するために商品先物市場を利用した結果のひとつに過ぎないこともあるのです。

例えば外食チェーンの経営を想い描いてください。お店で提供するコメを安く安定的に仕入れることができれば理想的ですが、実際の仕入れ価格は相場次第。価格が上昇してもメニューの値段を仕入れ価格に合わせて頻繁に変えるわけにはいきません。この時、商品先物市場でコメ先物を買えば、半年先（東京コメ・大阪コメ）または1年先（新潟コシ）までの仕入れ価格を現時点で確定させることができます。

将来の安心を商品先物取引で補う

この先のシナリオは2通りです。

【シナリオA：コメが値上がりした場合】

この場合、当然コメの仕入れ価格は上昇します。しかしその時はコメ先物の価格も同様に上昇しているはずですから、仕入れの不利益は商品先物取引の利益で相殺することができます。

【シナリオB：コメが値下がりした場合】

コメが値下がりしたら商品先物取引では不利益を被ります。しかしその一方で

みんなのリスクを減らす仕組みを持っている

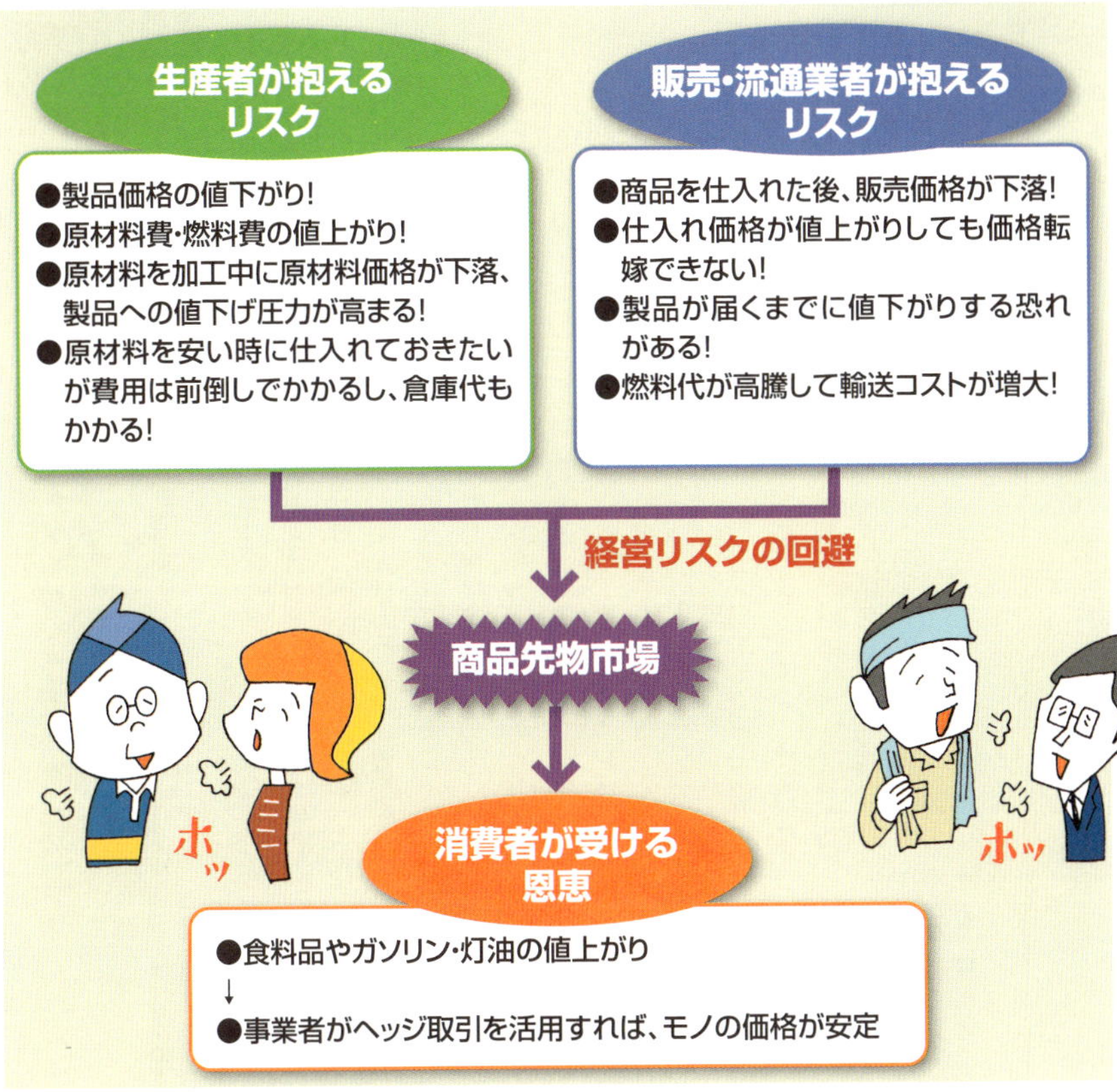
生産者が抱えるリスク
●製品価格の値下がり!
●原材料費・燃料費の値上がり!
●原材料を加工中に原材料価格が下落、製品への値下げ圧力が高まる!
●原材料を安い時に仕入れておきたいが費用は前倒しでかかるし、倉庫代もかかる!
販売・流通業者が抱えるリスク
●商品を仕入れた後、販売価格が下落!
●仕入れ価格が値上がりしても価格転嫁できない!
●製品が届くまでに値下がりする恐れがある!
●燃料代が高騰して輸送コストが増大!
経営リスクの回避
商品先物市場
ホッ
ホッ
消費者が受ける恩恵
●食料品やガソリン・灯油の値上がり
↓
●事業者がヘッジ取引を活用すれば、モノの価格が安定

コメの仕入れ価格は下がっていますから、ビジネス上の利益は増大し、商品先物取引の損失を相殺することが可能です。

「商品先物取引をしていなければ仕入れ値が下がってもっと儲かっていたのに」

いいえ、それは違います。事業者が商品先物市場で買ったのは保険機能という安心です。仕入れ値の変動に左右されない安定的なビジネスの実現。このような商品先物市場の使い方を「ヘッジ（またはヘッジング）」、ヘッジをする事業者を「ヘッジャー」と呼びます。

商品先物取引はこのほかにも先行指標価格の提供機能、現物調達機能、商品の換金機能などを有し、商品の生産、加工、流通、販売に携わるさまざまなビジネスに役立っています。さらに債券や株式といった伝統的資産と商品が異なる価格の動きを示すことから、投資の世界では、株や債券価格変動のリスクをヘッジする役割も果たしているのです。

Column

商品先物取引
トリビア②

米国の有名な米所はサクラメント・バレー

時速160キロで種もみをまく！

日本の米所（コメどころ）を聞かれれば、いくつもの地名が浮かぶはずです。では、米国の米所を尋ねられたらどうでしょう？

米国では6州でコメを生産していますが、日本人が食べ慣れているジャポニカ系の短・中粒種の生産地として有名なのがカリフォルニア州北部に位置するサクラメント・バレーです。東京都よりやや広い約55万エーカーの土地から収穫されるコメは毎年およそ270万トン。しかし、生産者はわずか2500人ほどです。

田んぼと呼ぶには違和感を覚える水田の一区画は、約800m×800mの広さ。水を水平かつ効率よく行きわたらせるため、GPS高度測位システムやレーザーシステムを使って地面を水平にならします。

水分を吸わせた種もみは飛行機でまきますが、その時の速度は時速およそ160キロです。サクラメント・バレーではコシヒカリも栽培されています。

飛行機じゃないと間に合わない！

Photo : Getty Images

Part 3

トレードの幅が広がる

金オプション取引をマスターしよう!

相場が上げても下げても、動かなくても利益が狙える、
相場が上がるか下がるかわからないけれど、
とにかく大きく動くのはわかっている時にも利益が狙える。
それがオプションの魅力。
オプションを勉強してトレードの幅を大きく広げよう!

金オプションは損失を限定しながら利益が狙える優れもの！

東京商品取引所の金取引には金標準、金ミニ、東京ゴールドスポット100、金現物取引に加えて金オプションの品揃えがあります。

金オプションは金先物をベースとした取引です。投資効率の高さ、価格上昇・下落の両局面で利益が狙えるなど先物取引のメリットはそのままに、損失額を限定しながら利益の追求ができる、価格が動かなくても利益が獲れるなどの特徴があります。

「買い」なら予想が外れても損失は一定額に限定される

新聞やテレビ、ネットには金投資に役立つ情報があふれています。そうした情報を集めて分析した結果、総合的には金価格の上昇が期待されるものの、同時に金価格の上昇力を弱めるか、可能性は低いにしても金価格を下落に導く要因も見つかりました。強気一辺倒なら迷わず金先物を買うところです。しかし、弱気が混在する状況で金先物の買いはためらわれます。金オプションはこういう時に役立ちます。

金オプションにはコールとプットの2種類があり、金価格の上昇を予想する時はコールを買い、逆に下落を予想する時はプットを買います。

これだけなら先物取引と同じように聞こえるかもしれません。しかしオプションの買いは予想が外れた場合でも、一定額以上の損失を被らないメリットがあるのです。従って強気になり切れない場合は、コールの買いを選べばよいのです。

買い手はプレミアムを払ってコールかプットを取得する

金オプションは金先物取引と同様に限月取引で、値刻みは1円、売買単位は金ミニおよび東京ゴールドスポット100と同じ100グラム（＝倍率100倍）の設定です。コールの買い手はコールの売り手に、プットの買い手はプットの売り手にプレミアム（＝オプションの代金）

を支払って、オプションを取得します。

プレミアムは条件次第で時々刻々と変化します。オプション取引が「プレミアム相場」と呼ばれるのはこのためです。

コール・オプションの場合、金先物価格が上昇すればプレミアムは高くなり、金先物価格が下がればプレミアムは安くなります。買い手は現在のプレミアムが購入時のプレミアムより高くなった時に転売すれば差額を利益として得られます。これは先物取引の差金決済と同じです。

では先物取引同様に限月（＝取引期限）があるオプションで、プレミアムが利益になる前に取引期限が来てしまったらどうなるでしょうか。先物取引では現物を引き取らない限り、買い手は損を覚悟で売り手仕舞いしなければなりません。

ところが**オプションを買った場合は売り手仕舞いをする必要がありません。**つまりオプションの取得時に支払ったプレミアムが、買い手の最大損となるのです。

金オプションの取引を実際の価格でシミュレーション

金オプションの取引例をより実践に近い形でシミュレーションしてみましょう。

10月1日現在の金先物（201X年8月限）価格は1グラムあたり4255円。金先物価格が上昇しそうなので、コール・オプションを買うことにします。

金オプションは100グラム単位 支払いはプレミアムの100倍

この時の金オプション201X年8月限の相場表を見てみましょう。権利行使価格は金先物の現在値をベースに、50円の刻みで上下20本以上が設定されています。必ずしもすべてに価格がつく（＝買いまたは売り注文が出される）わけではありません。ふつうは現在の金先物価格に近い権利行使価格がその時々の取引の中心になります。

ここでは10月1日に金先物の時価4255円に最も近い権利行使価格4250円のコールをプレミアム125円で1枚買うことにします。ただし金オプションのプレミアムは金先物と同じく1グラムあたりの表示ですから、実際に支払うのはその100倍の1万2500円であることに注意してください。

ここで権利行使価格とプレミアムの関係について考えてみます。

相場表ではコール・オプションのプレミアムは権利行使価格が低くなるほど高くなっています。これは権利行使価格が低くなるほど、権利行使日にそのコール・オプションから得られる利益が大きくなる確率が高まるからです。

逆にプット・オプションは権利行使価格が高くなればなるほどプレミアムが高くなっていますが、これも同じ理屈です。

コールの買いが成功 プレミアムが上昇した！

それではプレミアム125円（A）で買った権利行使価格4250円のコール・オプションのその後を見てみましょう。建玉からおよそ1カ月が過ぎた10月30日の金先物価格は4355円になって

差金決済はプレミアムの差が利益になる！

201X年8月限の金オプション相場表

10月1日

コールプレミアム	権利行使価格	プットプレミアム
	:	
	:	
81円	4350円	193円
100円	4300円	C162円
金先物現在値=4255円		
A125円	4250円	134円
147円	4200円	109円
175円	4150円	87円
	:	

金先物価格が上昇した！

10月30日

コールプレミアム	権利行使価格	プットプレミアム
	:	
金先物現在値=4355円		
176円	4350円	88円
195円	4300円	D57円
B220円	4250円	38円
242円	4200円	4円
275円	4150円	1円
	:	

金先物価格の
上昇を予想して
権利行使価格4250円の
コール・オプションを買い
(B220円−A125円)
×100倍×1枚
=9500円のプラス！

金先物価格の
下落を予想して
プット・オプションを買い
(D57円−C162円)
×100倍×1枚
=1万500円のマイナス！

いました。

　この時の権利行使価格４２５０円コール・オプションのプレミアムは２２０円(Ｂ)と高くなっています。そこでコール・オプションの買い建玉を売り手仕舞い(差金決済)することにしました。買値は１２５円、売値は２２０円ですから、差額の95円に倍率の１００と枚数の１を乗じた９５００円が利益となります。

　それでは同じ10月１日に金先物価格の値下がりを期待して、権利行使価格４３００円のプット・オプションを１枚買っていた場合はどうでしょう。

　残念ながら予測と逆方向に動いてしまい、買値は１６２円(Ｃ)、売値は57円(Ｄ)、差額はマイナス１０５円です。この場合はマイナス１０５円を１００倍して枚数の１を乗じた1万５００円が損金となります。プットの買い手にとってこの状況での売りは損の拡大を防ぐ目的で、損切りのための手仕舞いを意味します。

差金決済しなかった金オプションはどうなってしまうの？

コールでもプットでも、買い建てた金オプションを差金決済（反対売買）せずに、取引最終日までポジションを持ち続けたらどうなるのでしょうか。

利益なら取引最終日の翌営業日に自動的に権利行使される

金オプションの取引最終日は「金先物の納会日の前営業日（日中立会まで）」と定められています。その金先物の納会日は「毎偶数月最終営業日（＝金先物の受渡日）から数えて4営業日前」ですから、仮に10月30日が金曜日なら、27日火曜日が金先物の納会日、金オプションの取引最終日は26日の月曜日となります。

金オプションは取引最終日までならいつでも差金決済ができます。しかし差金決済しなかった場合は、翌営業日の「権利行使日」における金先物価格（厳密には金先物標準取引の日中立会の始値＝最終清算価格）と権利行使価格の関係によって、益金が受け取れるかどうかが決まります。

まずコール・オプションの場合は、金先物価格が権利行使価格を上回っていれば、買い手はその差額を益金として受け取ることができます。プット・オプションの場合はその逆で、金先物価格が権利行使価格を下回っていれば、買い手は、やはりその差額を益金として受け取ることができます。

この時、金先物価格と権利行使価格の差が開けば開くだけ益金は無限大に増える可能性を秘めています。

なおオプションの買い手は利益を受け取るにあたって申請など特別なことをする必要はなく、自動で権利行使されます。

このように金銭のやり取りで取引が完結するのは、金オプション取引が「現金決済」システムを採用しているためです。

オプションで取引しているのは益金を受け取ることができる権利

ここで注意したいのは「益金を受け取ることができる」という点です。実は金

手仕舞いには 2 通りある

[オプション取引のスケジュール]

取引開始※

権利行使日の前営業日

最終営業日から数えて4営業日前の日。休日なら前倒し

	取引最終日	権利行使日（＝金先物の納会日）	・・・	最終営業日（毎偶数月）

手仕舞い①

この間はいつでも差金決済可能
プレミアムの差が利益になる

計算式：
（売値－買値）×倍率×枚数

手仕舞い②

ずっと持っていたら権利行使日に自動決済
権利行使価格と金先物価格の差が利益になる

利益の場合の計算式：
コール（金先物価格－権利行使価格）×100（倍率）×枚数
プット（権利行使価格－金先物価格）×100（倍率）×枚数

損失の場合は権利消滅！　損金は支払ったプレミアムだけ！

※金先物取引は毎偶数月の納会日（最終営業日＝受渡日から数えて4営業日前の日）の翌日に取引開始。オプション取引はその翌営業日に取引開始となる。

オプションで取引しているのは、オプションの買い手が「権利行使日に金先物価格と権利行使価格の差額を益金として受け取ることができる権利」なのです。買い手が売り手に支払うプレミアムはその対価と考えられます（益金を受け取った結果、先物会社に支払う売買手数料で損をしてしまう場合は「権利放棄」を選択できます）。

一方、コール・オプションで、金先物価格が権利行使価格を上回らなかった場合は益金を受け取ることができません。プット・オプションで、金先物価格が権利行使価格を下回らなかった場合も同様です。

このケースでも買い手は何もする必要はありません。益金が得られなかったオプションはそのまま「消滅」するだけです。オプションの買い手は支払いプレミアムを失い、売り手はそのプレミアムを利益とすることになります。

プレミアムは本質的価値と時間的価値でできている

オプションには3つの状態がある

権利行使価格4200円の金コール・オプションは、権利行使日に金先物価格が4200円を上回っている場合、権利行使価格と金先物価格の差額を受け取ることができる権利です。仮に現在の金先物価格が4255円だとします。このまま金先物価格が変化せず権利行使日を迎えれば、コールの買い手は差額の55円に倍率の100を掛けた5500円の益金を受け取ることができます。

このように潜在的に権利行使価格と金先物価格の差額を受け取れる状態になっているオプションを「イン・ザ・マネー」と呼びます。

またイン・ザ・マネーの状態で、コールなら金先物価格から権利行使価格を差し引いた額、プットなら権利行使価格から金先物価格を差し引いた額を「本質的価値」と呼びます。

しかしコールで金先物価格が権利行使価格を下回っている場合(「アウト・オブ・ザ・マネー」と呼びます)は、本質的価値がないため益金は受け取れません。

金先物価格と権利行使価格が等しくなった時が「アット・ザ・マネー」です。この時点でも本質的価値がありませんから受け取り金は発生しません。

時間的価値は、オプションが利益になる可能性を反映

しかし本質的価値を持たないオプションのプレミアムが必ずしもゼロになるわけではありません。権利行使日まで時間があれば、条件次第でイン・ザ・マネーに変わる可能性があるからです。その期待度を示すのが「時間的価値」です。実はプレミアムは本質的価値と時間的価値の合計なのです。

左ページの図は65ページの『201X年8月限の金オプション相場表』を元に本質的価値と時間的価値を計算した結果です。イン・ザ・マネー以外のプレミア

プレミアムを分解してみると……

201X年8月限						
コール				プット		
時間的価値	本質的価値	プレミアム	権利行使価格	プレミアム	本質的価値	時間的価値
65円	0円	65円	4400円	227円	145円	82円
81円	0円	81円	4350円	193円	95円	98円
100円	0円	100円	4300円	162円	45円	117円
金先物現在値=4255円						
120円	5円	125円	4250円	134円	0円	134円
92円	55円	147円	4200円	109円	0円	109円
70円	105円	175円	4150円	87円	0円	87円
		:	:	:		

コール（左側）：上段 アウト・オブ・ザ・マネー 権利行使価格＞金先物価格／下段 イン・ザ・マネー 権利行使価格＜金先物価格

プット（右側）：上段 イン・ザ・マネー 権利行使価格＞金先物価格／下段 アウト・オブ・ザ・マネー 権利行使価格＜金先物価格

（表の左側の吹き出し：プット／右側の吹き出し：コール）

時間的価値＝プレミアムから本質的価値を引いたもの
時間的価値は、通常は権利行使日に近づくと減少していくが、ボラティリティが大きくなると高まることもある

本質的価値＝金先物価格と権利行使価格の差
コールは権利行使価格より金先物価格が高くないと本質的価値がない。
プットは権利行使価格より金先物価格が低くないと本質的価値がない

ムは時間的価値だけを持っています。

時間的価値は権利行使日までの期間が長いほど大きく、短くなれば小さくなり、取引最終日にはゼロになります。これはオプションが最終的に本質的価値だけになることを意味しています。イン・ザ・マネーになれなかったオプションは、無価値でその一生を終えるのです。

時間的価値は金先物価格の値動きによっても変わります。

ある期間は小さく、またある期間は大きくなる**価格変化の割合を「ボラティリティ（変動率）」といいます。**ボラティリティが大きければ、オプションがイン・ザ・マネーになる可能性が高まるため時間的価値は増大します。逆にボラティリティが低下すれば、時間的価値も減少するのでオプションの買い手にとっては不利な状況となります。時間的価値の減少の速度は、初めは緩やかに、権利行使日に近づくほど急激になる特徴があります。

損益図を使って利益と損失の関係を確認しよう

イン・ザ・マネーは必ずしも利益ではない

オプションの買い手は、買い建てたオプションが権利行使日にイン・ザ・マネーになっていれば、金先物価格と権利行使価格の差額を益金として受け取ることができます。しかし、イン・ザ・マネーは必ずしも最終的な利益を意味するわけではありません。理由は、そのオプションを手に入れるために買い手はすでにプレミアムを支払っているからです。

それではオプションの買い手はどのような状況になれば最終的に利益を得て取引を終えることができるのでしょうか。

このことをオプションの「損益図」を見ながら確かめてみましょう。

左ページの図は、権利行使価格4200円のコール・オプションを、プレミアム100円を支払って買い建てた時の、権利行使日における権利行使価格と金先物価格の関係を示しています。

縦軸はコール・オプションの買いによって生じる損益です。上に行けば利益が大きくなり、下に行けば損が大きくなります。横軸は金先物価格です。左は低く、右に行くに従って高くなります。

金先物価格が権利行使価格と同じ4200円の時はアット・ザ・マネーです。4200円を分岐点として、金先物価格がそれよりも高ければオプションはイン・ザ・マネーに、低ければアウト・オブ・ザ・マネーになります。

利益は無限大だが最大損はプレミアム分だけ

イン・ザ・マネーになれずに権利行使日を迎えたら、そのオプションは消滅します。そのため、このオプションの損金は支払いプレミアムの100円で、それが最大損となります（濃い青色部分）。

金先物価格が4200円を上回るとイン・ザ・マネーになり、買い手は益金を受け取ることができます。

しかし、金先物価格が4201円にな

オプションの「買い」は損失限定

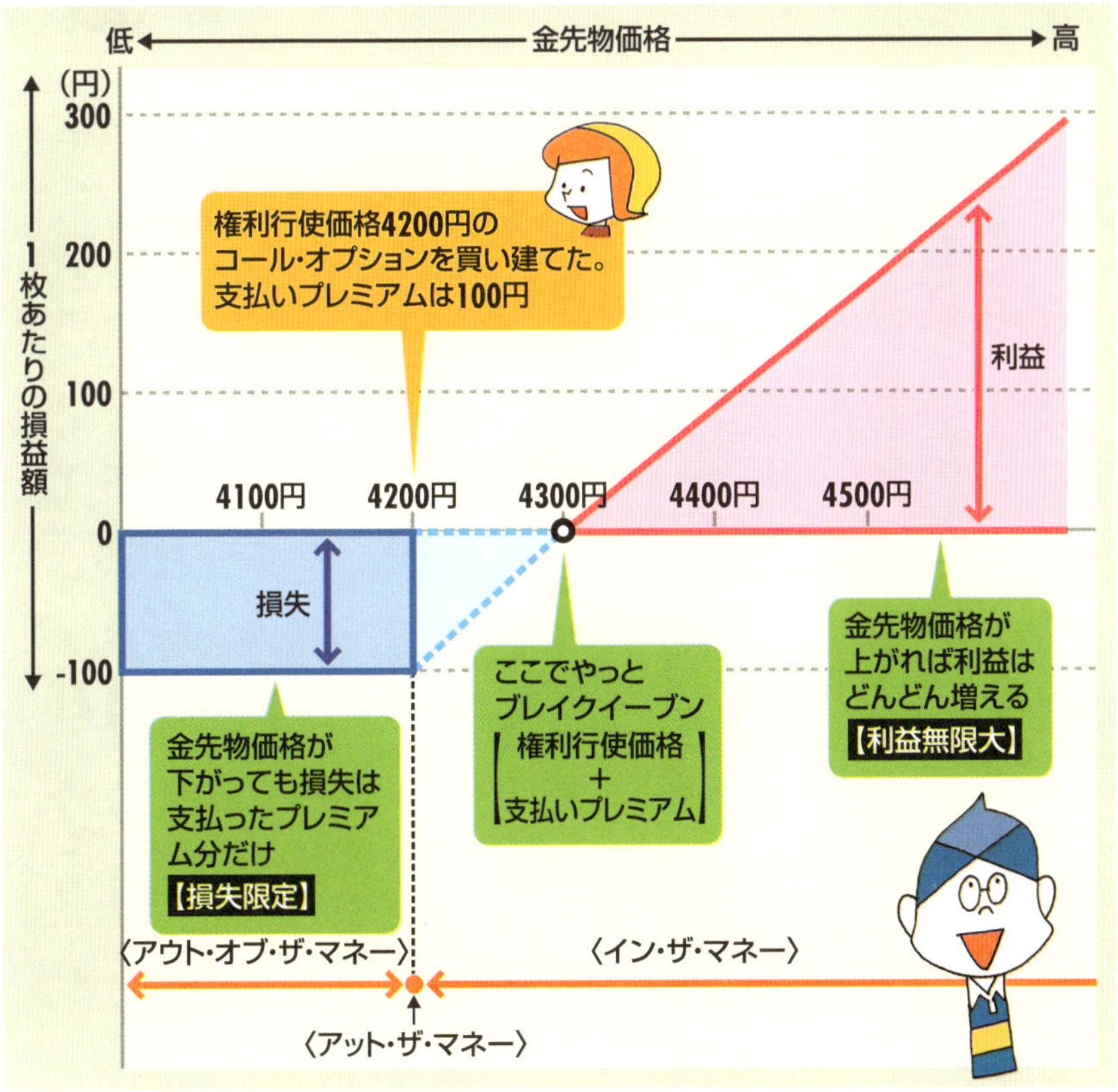

ったとしても、すでに100円のプレミアムを払っているわけですから、利益を獲得するまでには至りません。この状況は金先物価格が権利行使価格とプレミアムの合計（4300円＝4200円＋100円）を超えるまで継続します（水色部分）。

金先物価格が4301円を超えて初めて利益となります。このまま金先物価格が上昇していけば、それだけ利益が増えていくわけです。

プット・オプションの損益図は権利行使価格をはさんでコールと左右対称の形になります。金先物価格が下がれば利益になるプット・オプションでは、権利行使価格から支払いプレミアムを引いた額がブレイクイーブンとなり、それよりも金価格が下がれば利益が発生します。

金オプションの売りは時間的価値の減少でも利益が獲れる

オプションの買いと売りは損益図が対称になっている

金先物価格の上昇を予想するならコールの「買い」、下落を予想するならプットの「買い」と説明しましたが、金オプションには「売り」もあります。

金コール・オプションの「買い」は、金先物価格が高くなると益金を受け取ることができます。その逆の位置付けであるコールの「売り」は、金先物価格が下落すれば益金が発生しますが、横ばいで推移した場合にも利益となるのです。

売るのは権利行使価格4200円、プレミアム100円のコール・オプションです。左ページの損益図を71ページの「買い」の損益図と比べてみてください。横軸の金先物価格をはさんで、損益の関係が上下反対になっています。

コールの売りは建玉時点で100円のプレミアムを受け取り、金先物価格が権利行使価格4200円以下の場合にはその受け取りプレミアムが最大の利益となります。しかし金先物価格が4200円を超えると利益は徐々に減少し、受け取りプレミアムの100円を消費しつくした4300円でブレイクイーブンに、それよりも金価格が上昇すればするだけ損が拡大します。これがオプションの売りは「利益限定・損失無限大」と評される理由です。

横ばいでも利益を出すチャンスがある

「利益限定・損失無限大」と聞くと「売り」は不利な気がするはずです。しかし、オプションの「売り」は大きなリスクを引き受けるだけの取引ではありません。

オプションのプレミアムは本質的価値と時間的価値の合計です。本質的価値を持たないアウト・オブ・ザ・マネーのオプションがイン・ザ・マネーになるには、コールなら金先物価格が権利行使価格を上回り、プットなら下回る必要があります。もし金先物価格が横ばいで推移し、

オプションの「売り」は利益限定

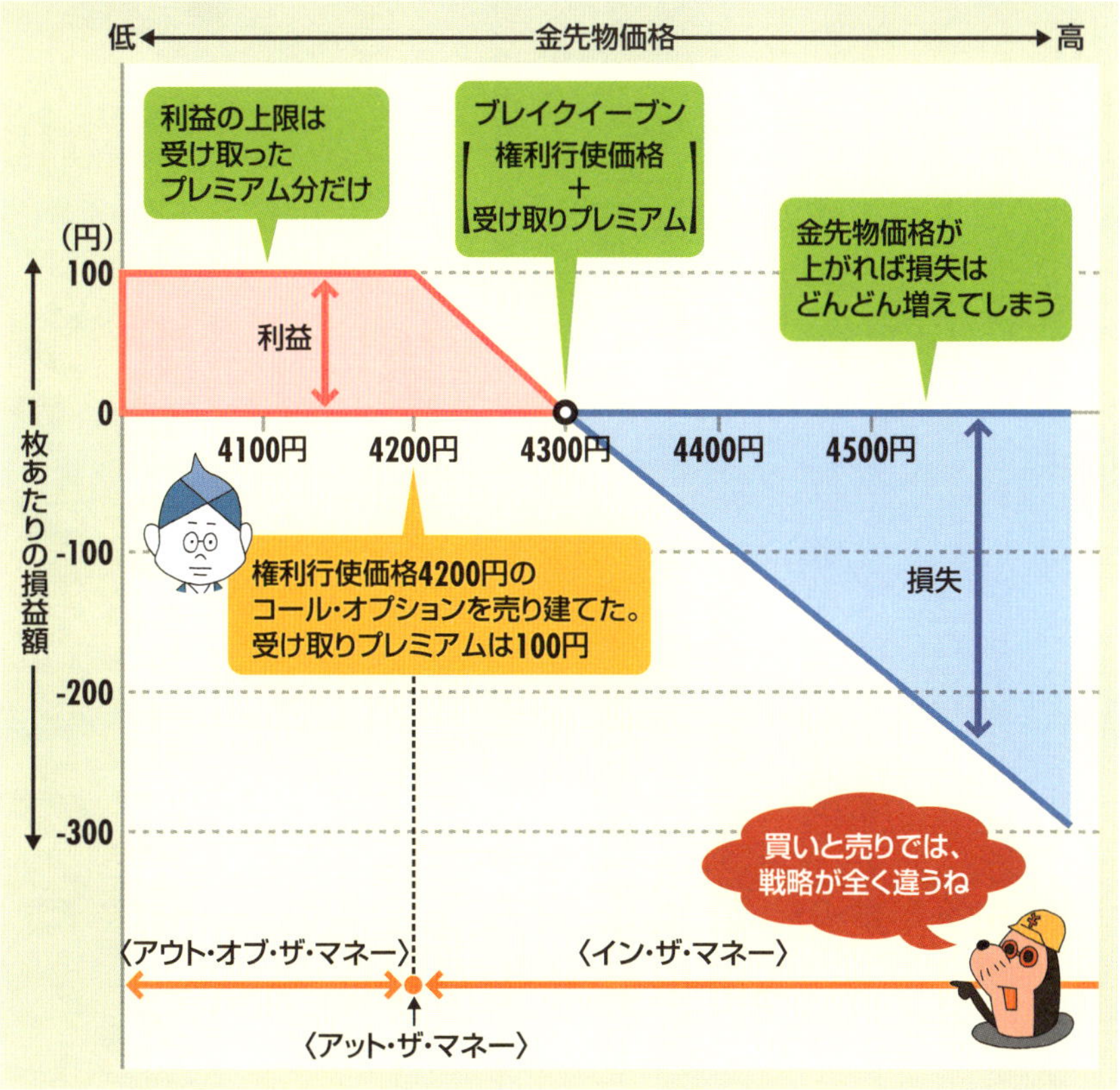

オプションがイン・ザ・マネーにならなければ、そのオプションの時間的価値は減り、やがて権利行使日にはゼロになってしまいます。その時売り手は、売り建玉時に受け取ったプレミアムを利益として手中に収めることができるのです。

またオプションの売りは必ずしも「損失無限大」ではありません。権利行使日までは、いつでも反対売買が可能です。

つまりオプションの売り手は先物取引と同様、プレミアムがいくらまで上昇したら損切りするというルールをあらかじめ決めておき、それを実行すれば、損失を一定の範囲に収めることができるのです。

ただし、**オプションの売りには、先物取引と同じく証拠金が必要です。**その額はリスクに応じて先物会社が決定しますが、価格変動によっては証拠金の追加預託が必要になるケースもありますので、**資金に余裕を持って臨むことが大切です。**

ポジションを組み合わせるとさまざまな状況に対応できる

方向はわからないが大きく動くことだけはわかる

英国が国民投票でEU離脱を決めたのは2016年6月のことです。賛否の行方は投票の直前まで混沌としていました。この時明らかだったのは、離脱にせよ残留にせよ、その結果は為替市場を大きく揺るがすだろうということです。円建ての東京金先物価格は、円安に振れれば相当上昇するでしょうし、円高なら同じく下落の予想が成り立ちます。

こうした状況で金先物の買いまたは売りは、自分の想定とは逆方向に動いた場合のリスクを考えると、やはりためらわれます。そこで、コールでもプットでも損失限定のオプションの買いを考えますが、コールでは金先物が下げた場合に、プットでは上げた場合に得られる潜在的な利益は見逃しになってしまいます。

金先物が上げても下げても利益を獲るにはどうすべきでしょう。答えは「コールとプットを同時に買う」です。

損失限定はそのままに「ストラドル」の買い！

左ページの図は、限月が同じで権利行使価格も4200円で同じコール（緑実線）とプット（青実線）を同時に買い建てることでできる「合成ポジション」の損益図（赤実線）を示しています。

まず目につくのは権利行使価格4200円をはさんで、左右対称のV字型になっていることです。その格好から、この合成ポジションには英語で「足を広げて立つ」という意味の「ストラドル」という名前がつけられています。

このポジションが最大損失となるのは金先物価格が4200円のまま権利行使日を迎えた時で、コールとプットの支払いプレミアムの合計200円です。

金先物価格が上昇した場合はコールに利益が発生しますが、コールの支払いプレミアムとプットの支払いプレミアムが利益を相殺してしまいます。このためブ

大きく動きそうな時は「ストラドル」の買いが効く！

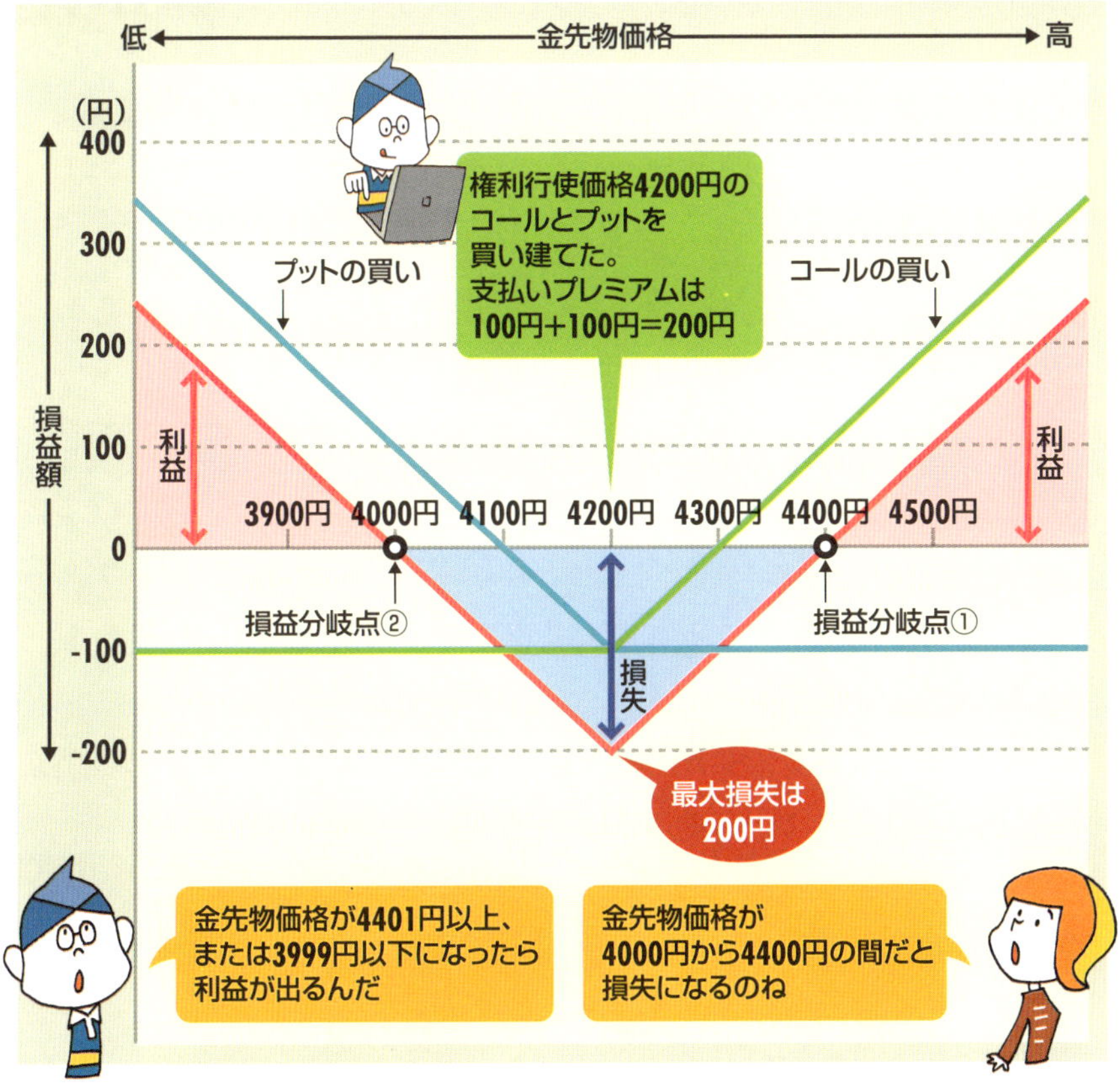

レイクイーブンになるのは権利行使価格から200円高い4400円（損益分岐点①）で、同様の理屈から金先物価格が下落した場合のブレイクイーブンは4000円（損益分岐点②）となります。つまり金先物が4400円より高くなった場合と4000円より低くなった場合に利益を獲れるのです。

いま紹介したのはコールとプットを同時に買う「ストラドルの買い」ですが、コールとプットを同時に売れば「ストラドルの売り」となり、金先物価格が一定の範囲にとどまれば、コールとプットの受け取りプレミアムを利益にできます。

オプション取引の醍醐味は、コールとプット、買いと売り、オプションと先物を組み合わせることで、さまざまなシチュエーションに応じた取引戦略を追求できる点にあります。価格変動の有無、ボラティリティの増減、金現物のヘッジなど多彩な取引を楽しんでください。

Column

商品先物取引

トリビア ③

混じりっ気のないプレーンバニラはお好き？

オプション取引にはさまざまな分類があります。

権利行使日のみ（自動）権利行使が可能な東京商品取引所の金オプションは「ヨーロピアンタイプ」ですが、いつでも権利行使が可能な「アメリカンタイプ」、複数の期日に権利行使可能な「バミューダタイプ」もあります。バミューダは、アメリカとヨーロッパの中間にあるため、こう命名されています。

また東京商品取引所の金オプションは「プレーンバニラ」タイプにも分類されます。

プレーンバニラという言葉から想像できるのはアイスクリームですが、ここではほかに混じりものがない、基本中の基本のオプション取引であることを意味しています。

プレーンバニラに特殊な取引条件を加えたオプション取引は「エキゾチック（風変わりな）・オプション」と呼ばれます。

例えば、原資産価格が一定期間（時間）後に、ある価格に達するか否かを予想するバイナリー・オプションは代表的なエキゾチック・オプションのひとつです。為替の取引では人気があります。

Part 4

商品先物会社《パートナー》選びはとっても大切！

「商品先物会社なんて、どこを選んでも大差ナシ」
そんな考えは大間違い！
対面取引ならアドバイザーが
あなたの頼もしい軍師になってくれます。
ネット取引でも、情報ツールの取り扱いなどで
各社で少なからぬ差があります。
だからどの会社を選ぶのかはとっても重要！

対面取引かネット取引か？

情報提供を受けながら取引できる「対面取引」

商品先物を取引する方法は大きく分けて2通りあります。

商品先物会社の担当者をアドバイザーとしながら二人三脚で取引するか、それとも自分ひとりで取引するか――。前者は「対面取引」、後者は「ネット取引」です。それぞれ受けられるサービス内容と手数料の額に大きな違いがあります。

対面取引の最大の特徴はプロフェッショナルとの対話を通じて取引方針を決め、売買注文の執行を依頼する点にあります。もちろん、いろいろな情報提供が受けられますし、何より相場について自分が知らないこと、見落としていたことを学べるのは大きなメリットです。

自分が取引している商品、これから取引しようと気にかけている商品の相場が動いた時に、その理由や分析をタイムリーに聞けるのは対面取引の基本サービスです。仮に自分が相場を見られない場面でも、あらかじめ時間や一定の価格変動があった場合などの条件を伝えておけば、連絡を受けることもできます。

世界の最新情報を容易に得られるのも対面取引の強みです。商品先物取引に必要な情報は外国発が多く、ネットを駆使しても個人の収集・分析能力には限界があります。その点、商品先物会社は世界のニュースや多岐にわたる統計データを組織的に、長期間にわたって集積しています。対面アドバイザーもその情報を共有していますし、独自の知識や経験を加味しアドバイスしてくれることでしょう。

マイペース＆低価格でできる「ネット取引」

株取引でもＦＸ取引でも、ネット取引はいまや年代を問わず浸透した感があります。むろん商品先物取引も例外ではありません。

ネット取引の魅力はなんといっても手数料の安さです。手数料が下がれば、当

商品先物の取引方法は2つある

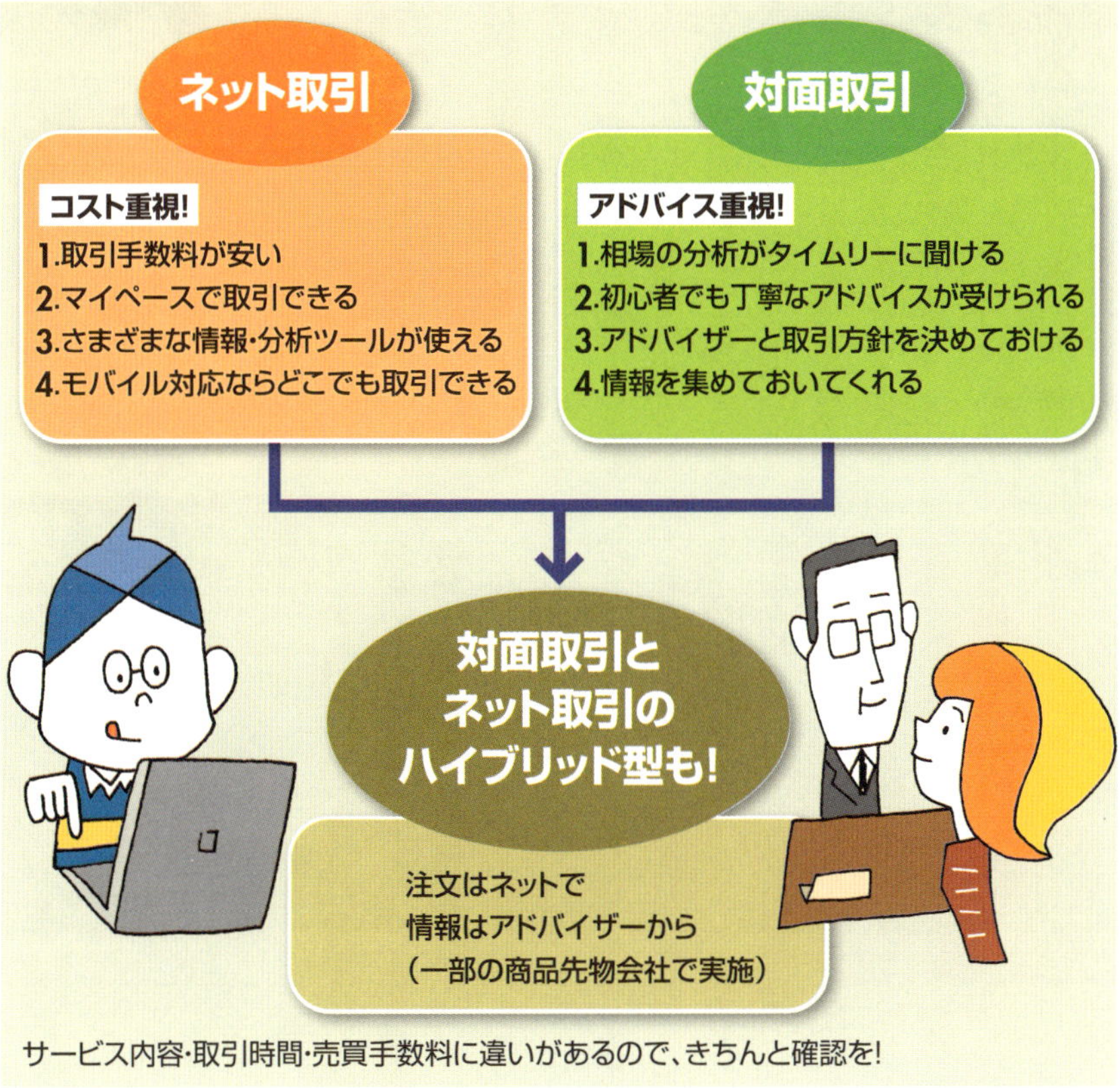

ネット取引
コスト重視!
1.取引手数料が安い
2.マイペースで取引できる
3.さまざまな情報・分析ツールが使える
4.モバイル対応ならどこでも取引できる
対面取引
アドバイス重視!
1.相場の分析がタイムリーに聞ける
2.初心者でも丁寧なアドバイスが受けられる
3.アドバイザーと取引方針を決めておける
4.情報を集めておいてくれる
対面取引とネット取引のハイブリッド型も!
注文はネットで
情報はアドバイザーから
(一部の商品先物会社で実施)
サービス内容・取引時間・売買手数料に違いがあるので、きちんと確認を!

然、損益分岐点も下がります。

もうひとつのメリットはマイペースでトレードを進められることでしょう。知識を蓄え取引のコツをつかめば、だれにも気兼ねなく、深夜でもトレードを楽しめます。そしてそのマイペースを支援するために、ネット取引の提供会社は懇切丁寧かつ多様な情報提供に努めています。モバイル対応をしている業者も多いので、時間や場所を選ばないのもネット取引の大きなメリットです。

最近は、対面取引とネット取引を融合させたサービスを提供する会社も出てきました。例えば普段の注文はネット経由、しかし情報は担当者からといったもの。手数料もネット取引と対面取引の中間に位置します。

商品先物会社のサービス内容、対応時間、手数料にはそれぞれ違いがあります。取引を始める前には、各社に直接、確認するとよいでしょう。

対面取引のアドバイザーを活用しよう！

最新情報と取引ノウハウを自分のものにできる！

対面取引のアドバイザーは商品先物取引のプロフェッショナルです。有能なアドバイザーは顧客である投資家と長期の関係を築くために情報収集、分析に努め、それをうまく投資家に伝える技術を磨いています。仕事だから当たり前といえばその通りですが、それこそが、相場とは別に仕事を抱えている多くの個人投資家とは決定的に異なる点なのです。

加えて対面アドバイザーには、所属する商品先物会社が長年、組織的に蓄積してきた情報とノウハウの裏付けがあります。アドバイザーを味方につけることは組織の集合知と、アドバイザーの経験を自分の取引に活かすことなのです。

商品先物会社の情報や分析力に限っていえば、ネット取引でも利用することは不可能ではありません。むしろ商品先物会社はネット投資家に向け、積極的に情報を公開しています。しかし、膨大かつ詳細な情報であるからこそ取捨選択が難しくなるのも事実。対面アドバイザーの最大の魅力は、投資家ひとりひとりの資力や相場に対する考え方に応じて的確な道案内をしてくれることです。ネット取引か対面取引かは、自分の相場経験やコンピュータの操作能力、情報の分析能力などにもかかっています。

最も肝心な資金管理のアドバイスも受けられる

さらに重要なのが資金管理についてのアドバイスです。

対面アドバイザーは、マーケットの状況に応じて刻々と変化する投資家の資金量を常に把握しています。現在の資金量でいくらの損失まで耐えられるか、どのような状況でいくらの追加資金が必要となるかを的確に提示してくれるはずです。また場合によっては、ひとりでは判断を誤りやすい損切りについても冷静に判断を下し、提案してくれることでしょう。

対面取引のいいところは「人と人の交流」

対面アドバイザーができること

1.投資家の知識や経験に合わせて懇切丁寧な取引の助言
2.長年にわたって組織的に蓄積している情報・ノウハウの提供

↓

自分だけの「オーダーメイド」の取引ができる!

投資家の資力や投資スタイルに合わせたアドバイスをくれる

↓

資金管理についてアドバイスが受けられる!

●リスクマネジメント　●ポジションメイク

マーケットの動きに応じた資金管理の的確なアドバイス

↓

ひとりでは判断を誤りやすい損切りの判断材料が手に入る!

結果、投資家は必要以上の損を抱えなくてすむことにもつながります。

手数料だけをとれば、対面取引はネット取引の十数倍から数十倍ということもあります。しかし損をしてしまっては、手数料が安くても意味はありません。

投資家の中には対面アドバイザーを敬遠する人がいるかもしれません。やりたくない取引を勧められたらどうしよう、注文のキャンセルが言い出しにくいのではないかなどの不安はつきものです。

しかし心配はいりません。意に反した取引を無理に勧めれば投資家の心が離れてしまい、それは結局、自分にとっても会社にとっても損になることをアドバイザーは知っています。

それでも万一、納得がいかない取引を勧められた場合には、商品先物会社の管理部または「日本商品先物取引協会 相談センター」（175ページ参照）に相談ができます。

ネット取引はこんなに便利なツール

夜間の急な価格変動にもネットなら即座に対応可

ネット取引は手数料の安さのほかに、取引に時間と場所の制約を受けない大きなメリットがあります。

2016年11月現在、東京商品取引所は16時30分から翌朝5時30分まで（ゴム取引は19時まで）の「夜間取引」と、その後の朝8時45分から15時15分までの「日中取引」を合わせて1営業日としています（左図）。夜間取引は日本時間の夜に海外市場で発生する価格変動に対応することが大きな目的のひとつです。

実際、日本の夜中に海外で予想外のニュースが流れたり、重要な経済指標が発表されて相場が急変するのは珍しい話ではありません。その時、翌朝まで待って対応するのでは取引リスクを増大させるばかりでなく、売買チャンスを逃すことにもなりかねません。

ところが、対面取引では夜間取引時間の途中で注文受付を終了してしまうケースもあります。これに対して、ネット取引は取引所の注文受付終了時間まで受注しますから、対応が容易なことは間違いありません。加えてネット取引はモバイル機能を備えていますから、パソコンの前に座っている必要もありません。スマートフォンや携帯電話があれば、外出先、それに海外からの注文発注も可能です。まさに時間も場所も選ばないのがネット取引なのです。

自分の損益状況を瞬時に把握できる

ただし、ネット取引では対面取引とは異なり、プロのアドバイスは受けられません。では、商品先物取引に精通した人だけのツールかといえば、そうではありません。

初心者は、まずはネット取引業者の多くが提供している**バーチャルトレード**（仮想売買）のサービスを利用して取引に慣れることをお勧めします。シミュレ

いつでもどこでもマイペースなネット取引

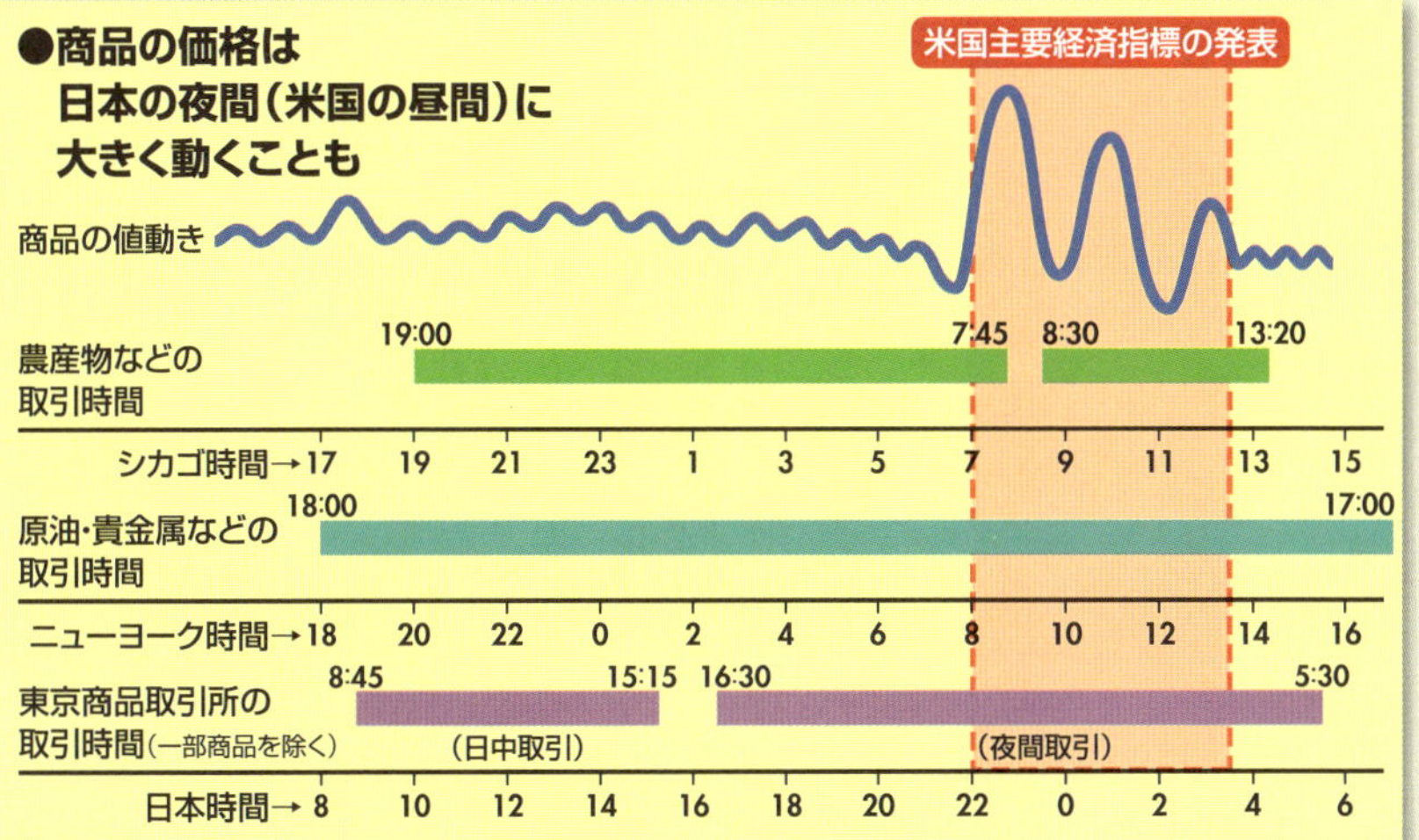

世界経済に連動しやすい商品価格は、日本の夜中、米国の日中に大きく動きやすい。夜間取引はそうした特性に合わせて開設されている。
※米国の時間は冬時間。米国の取引時間はシカゴ・マーカンタイル取引所（CME）の電子取引の平日取引時間。（2016年9月現在）

1. マイペースで取引できる
2. 夜間取引にも対応している
3. 取引手数料が安い
4. 複合注文などさまざまなツールが使える
5. テクニカル分析のツールが使える
6. 取引会社がモバイル対応なら、スマホからでも取引できる
7. 模擬トレードやデモ画面で売買シミュレーションが行なえる

ーションを繰り返して注文の出し方を理解したら、次は取引戦略を立てる上で不可欠な情報を取得します。内外の市況はもとより、時々刻々と変わる価格を分析するためのさまざまなツールが用意されているはずです。これらを体験し、学んでいくうちに、自然と投資テクニックは向上していきます。

もうひとつのネット取引の強みは、自分のポジション（現在どれくらいの金額や枚数の買いや売りをしているのかという状況）にどれくらいの利益や損失が発生しているのかを瞬時に知ることができる点にあります。これにより取引口座の現況（預け入れ証拠金や委託証拠金の額）を把握できるため、価格変動の予測に合わせて、今後の取引戦略を構築しやすくなるのです。

そしてその戦略に基づく注文の発注を可能にするシステムが備わっていることもネット取引の大きな魅力です。

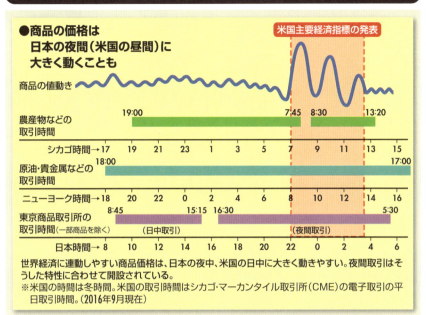

商品先物会社のサービスはいろいろ！

ココアやオレンジジュースから各国の株価指数まで

商品先物会社には、国内商品取引所の上場商品を専門に扱う専門店型の会社もあれば、株取引やＦＸ取引、国内外の金融デリバティブ商品を提供しているデパート型の会社もあります。

国内商品以外にどのような品揃えがあるのか、いくつかの取引の特徴を見てみましょう。

まずは外国の商品取引所で取引されている商品先物です。

取引商品は金、原油、大豆、トウモロコシなど日本と重なるものもありますが、小麦、ココア、天然ガス、オレンジジュースといった、ちょっと変わった商品も見受けられます。

ただし同じ金や大豆でも取引単位が異なること、取引はすべて外貨建てであること、また会社によって現物受け渡しに制限があることなどを確認したうえで取引に参加してください。

各国の代表的な株価指数を扱っている会社もあります。ワールドニュースで読み上げられる米国のダウ平均やナスダック指数、英国のＦＴＳＥ１００種指数、香港のハンセン指数など。色とりどりの品揃えで、見ているだけでも世界経済のダイナミズムが伝わってきそうです。

海外商品先物の取引方法は２通りあります。ひとつは国内商品先物会社が海外のブローカー会社（ＦＣＭ）を通じて、投資家の注文を海外の取引所で執行する**「取引所取引」**と呼ばれる方法。もうひとつは先物会社が提示する価格をもとに、投資家が先物会社と直接取引（相対取引）する**「商品ＣＦＤ（店頭取引）」**と呼ばれる方法です。

海外商品の取引所取引は国内商品取引所の商品先物と、商品ＣＦＤはＦＸ取引とほぼ同じルールです。ただ商品ＣＦＤはＦＸ取引と異なり、スワップ金利の受け払いは発生しません。

さまざまな金融商品を取り扱う商品先物会社も

ＦＸ取引や株価指数先物オプション取引ができる会社も

ＦＸ取引を提供している商品先物会社も多くあります。ＦＸ取引も海外商品先物同様に取引所取引（くりっく３６５）と相対取引があります。

日経２２５先物、日経２２５オプション取引を提供している会社もあります。日経２２５先物のルールは商品先物取引とほぼ同じ。予想するのは日経平均株価がこれから上がるか下がるかです。

日経２２５オプションも先物取引に似ていますが、大きく異なるのは日経平均先物を「買う権利」または「売る権利」を取引することです。日経平均が上がると思ったら「買う権利」を買うか「売る権利」を売り、下がると思ったら「売る権利」を買うか「買う権利」を売ります。オプション取引についてはＰａｒｔ３をお読みください。

商品先物市場の健全性の維持と投資家保護

取引の相手方が負けを支払わずどこかに行ってしまったら。投資資金を振り込んだ先物会社が倒産してしまったら——。

しかし心配はご無用です。商品先物市場では、投資家の権利や資産が保護されるいくつもの策が講じられています。

買い手と売り手の間に入って確実な取引を保証する仕組み

商品先物市場における取引の清算を確実に行なうことで、利益金をきちんと受け取れる仕組み、すなわち売買契約の確実な履行保証は、最重要項目のひとつです。その保証をしているのは、商品先物取引法に基づいて経済産業大臣と農林水産大臣から許可を受けた「**日本商品清算機構**（ＪＣＣＨ）」です。

ＪＣＣＨは、商品先物市場におけるすべての取引において、買い手に対しては売り手の立場、売り手に対しては買い手の立場をとり、それぞれの相手方に代わって、取引によって生じる債権債務関係の当事者として決済の履行を保証しています。それにより、ある損方が損金を納入できなくなっても、益方の投資家は本来受け取るべき益金を受け取れないリスクを心配する必要がなくなるのです。

そもそも商品先物会社は経済産業大臣・農林水産大臣やＪＣＣＨなどによる定期的かつ厳格な監査を受けており、投資家の資産に毀損を生じさせない仕組みが講じられています。その基本となるのが、投資家の資産と商品先物会社の資産を確実に分けて管理することにより、商品先物市場全体として財務的な健全性を確保するという考え方です。

証拠金はＪＣＣＨに預託 万一の場合には直接返還

それをさらに確実・堅牢なものとするための措置が、取引証拠金の直接預託です。投資家の取引証拠金は、商品先物会社を通じて、その全額をＪＣＣＨに預託することが義務づけられています。このため、万一、商品先物会社に不測の事態

投資家は3つの「タテ」で守られている

投資家
1
取引の確実な履行を実現する
日本商品清算機構（JCCH）
http://www.jcch.co.jp/
取引相手のデフォルトリスクを遮断
2
投資家の資産を守る
日本商品委託者保護基金
http://www.hogokikin.or.jp/
もし商品先物会社が倒産しても、
ペイオフ制度で1000万円まで返還
3
ルール違反を監視する
日本商品先物取引協会
http://www.nisshokyo.or.jp/
不当な勧誘や取引から投資家を保護
違反する会社にはペナルティを科す

※詳しくは174～175ページを参照

が起きたとしても、証拠金はＪＣＣＨから直接、投資家に返還される仕組みです。

投資家の資産を守る仕組みはほかにもありますが、そうしたガードをもってしても投資家の資産が毀損し、弁済し切れない場合にとられる最終措置が「**日本商品委託者保護基金**」による「**ペイオフ制度**」です。ペイオフ制度では委託者保護基金が固有の財産である「委託者保護資金」を原資に、投資家１人あたり１０００万円を限度として支払いにあたります。

資産の保護とは別に、投資家が商品先物会社から不適切な勧誘などを受けないように監視する仕組みもあります。商品先物業界で厳格な自主規制ルールを定め、違反者（社）に対して罰金や資格の停止を含む制裁を科す「**日本商品先物取引協会**」がそれです。日本商品先物取引協会では、投資家からの種々の相談や苦情も受け付けており、トラブルが生じた際には適切な対応をしてくれます。

さあ、商品先物会社を選ぼう！

経産省・農水省のHPに載ってない会社はダメ！

本章では商品先物会社が投資家に向けて提供しているさまざまなサービスを紹介してきました。取引のパートナーとしての商品先物会社を選ぶにはどのような点に注意すべきかを確認しておきます。

商品先物会社は法律（商品先物取引法）に基づく許可業種です。事業の許可を受けるには、一定額以上の資産を持つと同時に資産や業務・管理体制の構築において厳しい基準を満たさなくてはなりません。許可なしには、国内商品取引所の上場商品はもちろん海外商品先物取引や商品CFDの取引を投資家に勧めることも、注文を受けることも禁じられています。

取引パートナーの候補は経済産業省か農林水産省のホームページに掲載されている「商品先物取引業者一覧」で確認してください。そこに名前のない会社を選んではいけません。

扱っている銘柄や営業時間を確認しよう

取引したい銘柄を扱っているか、営業時間は何時までか、地元に本社や支店があるかなどは各社のＨＰで確認できます。

社名がわからない場合は「日本商品先物振興協会」の「商品先物取引業者等名簿ＷＥＢ版」が役立ちます。各社の提供サービスや所在地がひと目でわかるうえ、各社のＨＰにもリンクしています。

手数料は安さだけじゃなくサービスとセットで考えよう

手数料の安さは大きなメリットですが、商品先物会社の決め手はそれだけではありません。自分の投資スタイルにマッチしたサービスが受けられ、それがリーズナブルな料金体系になっているかどうかを確認しましょう。その場合も各社のＨＰが有効ですが、電話をかけて（多くはフリーダイヤル）直接、話を聞いてみるのもいいでしょう。

商品先物会社は必ずキチンと確認して選びたい

重要!

経産省・農水省のサイトで確認しよう!

これに載ってない会社は選んじゃダメ!

↓

各社のサイトで確認

- ●取引したい銘柄を取り扱っているか?
- ●注文受付時間は何時までか?
- ●手数料はどうなっている?
- ●自分の投資スタイルに合ったサービスを提供しているか?

ネット取引の会社はこちらも確認したい

- ●チャート分析ツールは?
- ●特殊注文機能は?
- ●モバイル対応か?

商品先物会社のリストはここから

- ●日本商品先物振興協会「商品先物取引業者等名簿 WEB版」 http://www.jcfia.gr.jp/torihikiin/seek.html
- ●経産省「商品先物取引業者一覧」 http://www.meti.go.jp/policy/commerce/f00/f0000001.html
- ●農水省「商品先物取引業者等」 http://www.maff.go.jp/j/shokusan/syoutori/dealing/gyousha.html

取引開始までの流れ

契約締結前書面　受託契約準則　受領（取引の内容やリスクを説明）

↓

口座設定申込書　本人確認書　提出（口座開設の申し込み）

↓

審査（取引やリスクの理解度を確認）

↓

約諾書　通知書　提出（口座開設完了）

↓

入金・取引開始

また会社の雰囲気を知るためには、各社が実施している無料セミナーに参加してみるのもよい考えです。

ネット取引会社の取引環境を調べよう

ネット取引を選ぶなら手数料の額だけでなくチャート分析ツール、リスク管理のための各種設定と機能、モバイル対応の有無を確認しましょう。

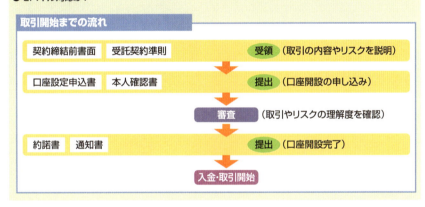

ネットおよびモバイル取引の環境は、会社によって異なります。初心者でも使いやすいようにシンプルでわかりやすい設計になっているものもあれば、経験者向けに高度なシステムを搭載していたり、マニアックな分析チャートが充実しているなど、それぞれ特色があります。

商品の詳しい説明や価格を含むマーケット情報の配信に力を入れている会社もあります。各社に所属するアナリストが随時マーケットレポートを更新していることもあれば、著名なアナリストのブログが掲載されていることも。また、それらが動画で見られるようになっていることもあります。実際に各社のHPを訪れ、取引サンプル画面などを見比べ、無料で試せるものは実際に使ってみるとよいでしょう。

口座開設に必要なのは こんな書類です！

商品先物の取引口座開設にあたって、商品先物会社は投資家に、取引の仕組みやリスクをきちんと理解しているかどうかを確認しなければなりません。そのために前ページの図にある**「契約締結前書面」と「受託契約準則」を投資家に渡して、その内容を説明することが義務付けられています。**

次いで「口座設定申込書」と「本人確認書」への記入を求め、取引やリスクの理解度を審査します。

審査をクリアすると、今度は「約諸書」「通知書」の提出が求められ、証拠金（現金や有価証券等）の預け入れを確認したのちに取引開始という流れです。

書類のやり取りは郵便やネットからのダウンロードでも対応可能です。

しつこい勧誘をする会社は 無許可業者のおそれが

商品先物取引は投資額以上の損失を生じる可能性がある投資取引です。※ このため**自ら望まない投資家に対する訪問または電話による勧誘は法令により原則として禁止されています。**一度勧誘を断ったのに再度、電話や訪問をすることも同様です。

こうしたルールを守らない会社は冒頭に紹介した許可を取得していない可能性があります。商品先物取引に絡んだトラブルの多くは無許可の会社が関係しているので注意が必要です。

※商品先物取引でも投資額以上の損失が「生じる可能性がない」取引があります。詳しくは 62 ページをご覧ください。

Part 5

商品先物取引はどうやったら儲かる?

勝利の方程式を導き出せば“勝ち”の確率を格段に高められるのは、スポーツの世界だけに限りません。トレードでも「こうやれば儲かる!」というツボを押さえることが肝心。そこで Part 5では、商品先物取引における勝ちパターンを理解しましょう。

価格の変化を予測する2つの方法とは？

需要と供給で読み解くファンダメンタルズ分析

商品先物市場は、事業者が価格変動リスクを回避するために役立てるなど経済インフラとして機能する一方、投資家にとっては未来の商品価格を予想する知的マネーゲームととらえることもできます。

そのゲームに勝利するため、先人は知恵を絞り、さまざまなテクニックを編み出してきました。しかしそのテクニックも、突き詰めると**「ファンダメンタルズ分析」と「テクニカル分析」の2つの基本的な手法に分類できます。**ただしファンダメンタルズ分析にもテクニカル分析にも〝絶対確実〟はありません。このためベテラン投資家の多くは、いずれの手法も相場が新たな方向へ動き出すきっかけや節目を見つける道具だと考えているようです。実際のところ、ファンダメンタルズ分析もテクニカル分析もまったく利用せず、勘だけで取引するのはギャンブルのようなものでしかありません。

見えなかったことが見えるようになる

ファンダメンタルズ分析の前提となるのは、**価格は需要と供給のバランスで決まるという経済原則です。**そうした考えに基づき、ある商品を取り巻く経済の基礎的な要因・環境の変化が、価格に上昇圧力を与えるのか、それとも下落要因として作用するのかを判断します。

「中国の新車販売台数
2カ月連続で前月比5%の増加」

例えばこのようなニュースに、どのような感想を持つでしょうか？

中には「中国の好況はまだまだ続きそうだな」と考える人がいるかも知れません。しかしそれだけでは投資家の目線ではありません。商品市場を眺めていれば、不思議なほど「自動車販売増加→タイヤ需要→ゴム価格上昇」というストーリーを描けるようになるものです。あるいは自動車販売と排ガス浄化触媒の白金需要

どちらも重要！ 価格の変化を予測する2つの方法

テクニカル分析

チャートにはすべての情報が詰まっている

●過去の値動き・取引量から将来の値動きを予想する

ポイント

テクニカル分析ツールは大きく分けて「トレンド系」と「オシレーター系」がある
◎**「トレンド系」**→相場の方向性（上がっているのか下がっているのか）をつかむ
◎**「オシレーター系」**→相場の流れが変わるポイントをつかむ
※テクニカル分析にはツール（指標、インディケーター）が数多く存在する。高い確度で予想できる場合も多いが、指標と現実の動きがかい離する「ダマシ」も多い

ファンダメンタルズ分析

商品価格を動かすのは需要と供給だ！

ファンダメンタルズとは…
●生産・在庫動向
●消費国の経済状況
●為替変動
●戦争・地域紛争・テロ
●政情不安・ストライキ
●天候不順
●病原菌、ウィルスなどの流行
など

ポイント

基本は需要と供給のバランス
※膨大な情報の中から必要なものを選び出すのに、経験と知識が必要

の増加を結び付けることもできそうです。いまある需給関係に変化をもたらすであろう生産や加工、流通の状況を調べたり、各種の経済指標、金利水準、政治動向などを検証することがファンダメンタルズ分析の第一歩です。

とはいえ毎日届けられる膨大な情報の中から必要なものを抽出し、すばやく的確に処理するには経験と知識が必要です。しかしそれも訓練次第。いままでとは少し視点を変えてみると、新しい新聞の読み方、ニュースの受け止め方ができるようになるはずです。

精度の高い経験則に基づくテクニカル分析

ある商品のファンダメンタルズを正確に割り出すのは不可能と考える投資家もいます。新車販売台数の増加は確かに買い材料ですが、ゴムや白金価格に影響を与える要因はそれだけではありません。ゴムや白金を輸入する国々の景気、宝飾品に対する選好の変化、為替変動などさまざま。つまりファンダメンタルズを100％拾うのは不可能という立場です。

一方、テクニカル分析では「日々マーケットで形成される価格はすべてのファンダメンタルズを織り込んでいる」との仮定に基づいて価格の動向を予測します。

具体的には、価格の動きを「チャート」（グラフ）に描き、統計的手法や経験に裏付けされた分析を加えて、将来的に価格が変化するターニングポイント（節目）を予測します。

とはいえテクニカル分析は厳密な意味での科学ではありませんから、同じチャートを眺めても人によって結論は異なる場合があります。それでも一定以上の信頼性をもって受け入れられているのは、多くの投資家が同じ分析手法を用いる場合、同じ価格水準を変化の節目ととらえて売ったり買ったりするからです。

テクニカル分析　キホンのキ①　ローソク足の見方

1本で4つの情報を伝える　ローソク足の見方をマスター

　チャートは価格の動きを視覚化したものですが、単に数字を1本の線でつないだだけではなく、そこからより多くの情報が得られるよう工夫されています。その代表が「**ローソク足**」です。コメ先物相場を分析するため江戸時代の日本で発明されたとされる**ローソク足は、現代ではテクニカル分析の代表的なツールとして世界中で利用されています。**株式もFXもオプションも、すべての投資取引はローソク足なしに語ることはできません。

　価格分析で特に重要視される価格が4つあります。その日（または期間）の取引で最初に成立した価格（始値《はじめね》）、一番高い価格（高値《たかね》）、一番安い価格（安値《やすね》）、最後に成立した価格（終値《おわりね》）――がそれで、まとめて「四本値《よんほんね》」と呼びます。

　ローソク足は一定期間の四本値を1本の棒状に描画し、一目で相場の流れがわかるようにしています。また期間の設定はどのようにも対応が可能で、1日でも1週間でも1カ月でも、1時間でも5分でも1分でも構いません。それぞれを日《ひ》足《あし》、週足、月足、1時間足、5分足、1分足と呼びます。

　ローソク足の基本の形を見てみましょう。下図がそれです。

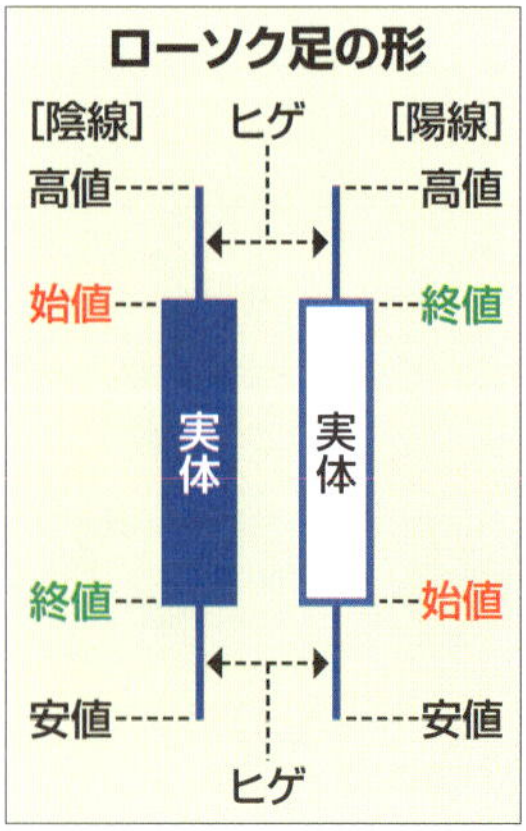

　始値と終値を囲ったローソクの胴体部分を「実体」と呼びます。また始値より終値が高いローソク足を「陽線」（赤または白で表すことが多い）、始値より終値が安いものを「陰線」（黒または青で表すことが多い）と呼びます。期間中の高値と安値はローソク足の実体に対して、上下に伸びる「ヒゲ」で表します。

ローソク足だけで相場の状態がわかる！

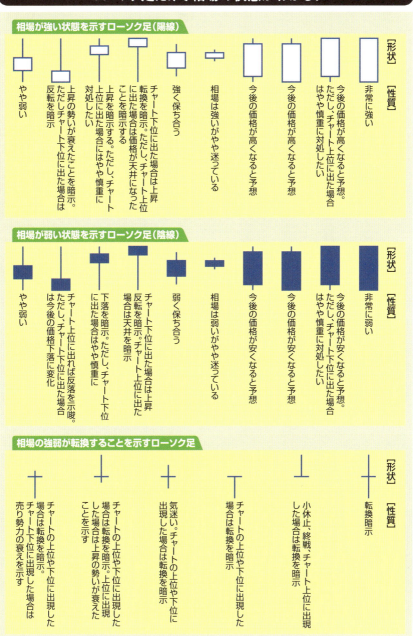

相場が強い状態を示すローソク足（陽線）

【形状】

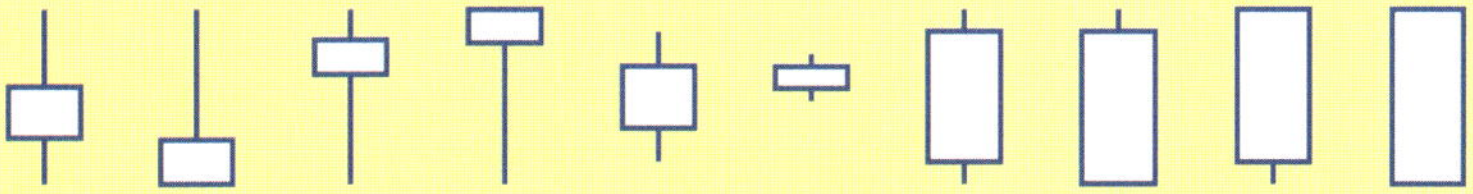

【性質】

1. 非常に強い
2. 今後の価格が高くなると予想。ただし、チャート上位に出た場合はやや慎重に対処したい
3. 今後の価格が高くなると予想
4. 今後の価格が高くなると予想
5. 相場は強いがやや迷っている
6. 強く保ち合う
7. チャート下位に出た場合は上昇転換を暗示。ただし、チャート上位に出た場合は価格が天井になったことを暗示する
8. 上昇を暗示する。ただし、チャート上位に出た場合にはやや慎重に対処したい
9. 上昇の勢いが衰えたことを暗示。ただしチャート下位に出た場合は反転を暗示
10. やや弱い

相場が弱い状態を示すローソク足（陰線）

【形状】

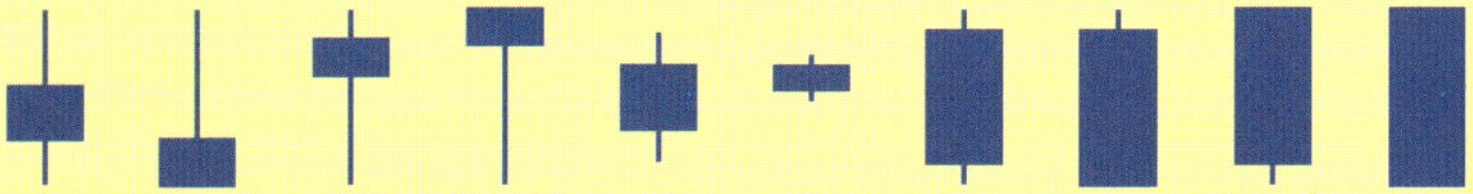

【性質】

1. 非常に弱い
2. 今後の価格が安くなると予想。ただし、チャート下位に出た場合はやや慎重に対処したい
3. 今後の価格が安くなると予想
4. 今後の価格が安くなると予想
5. 相場は弱いがやや迷っている
6. 弱く保ち合う
7. チャート下位に出た場合は上昇反転を暗示。チャート上位に出た場合は天井を暗示
8. 下落を暗示。ただし、チャート下位に出た場合はやや慎重に
9. チャート上位に出れば反落を示唆。ただし、チャート下位に出た場合は今後の価格下落に変化
10. やや弱い

相場の強弱が転換することを示すローソク足

【形状】

【性質】

1. 転換暗示
2. 小休止、終戦、チャート上位に出現した場合は転換を暗示
3. チャートの上位や下位に出現した場合は転換を暗示
4. 気迷い。チャートの上位や下位に出現した場合は転換を暗示
5. チャートの上位や下位に出現した場合は転換を暗示。上位に出現した場合は上昇の勢いが衰えたことを示す
6. チャートの上位や下位に出現した場合は転換を暗示。チャート下位に出現した場合は売り勢力の衰えを示す

※各ローソク足の説明はあくまで一例です。その時々の状況によってはあてはまらない場合があります。
※「チャートの上位」は波動の上部（＝高値圏）、「下位」は波動の下部（＝安値圏）をいいます。

テクニカル分析キホンのキ②
トレンド分析の方法

トレンド分析でマーケットの方向性をしっかり把握する

トレンドという言葉からはファッションやミュージックシーンなどを想像しがちですが、商品先物などトレードの世界では価格の方向性を意味します。マーケットではトレンドを味方につけることで収益獲得のチャンスが増大します。

マーケットでは、価格は小刻みな上下動を繰り返しながら一定の方向性を形成していきます。その価格の動きをチャートに描いてみると、①価格上昇パターン、②価格下落パターン、③大きく上昇も下落もせず一定の価格帯の中で取引が進行する「もみ合い」パターン――の3種類があることがわかります。この3パターンをそれぞれ「上昇トレンド」「下降トレンド」「保ち合い（もちあい）相場」と呼びます。

トレンドが確認できた場合、上昇トレンドなら買い、下降トレンドなら売りポジションをとるのが基本的な対応です。これに対して保ち合い相場ではRSI（112ページ）やストキャスティクス（114ページ）などオシレーター系のテクニカル指標（これについても後述します）を使って収益を目指します。もちろん、トレンドが出ていない時は取引を休む、またはトレンドがはっきりしている他の銘柄を狙う戦略もあります。

相場には「節目」といわれる重要なポイントがあります。節目を見極めれば、価格の方向性がより正確に認識できます。

節目は多くの投資家が強く意識している特定の価格のことです。例えば「1000円まで下がったらまた買われるのではないか」「2000円まで値が上がったら売りが出てくるのではないか」という価格がそれです。

初めて相場に接する人には、なぜそのようなことがわかるのか不思議かも知れません。しかし実際にマーケットでは、多くの投資家がこのような節目を売買のポイントにしているのです。

「トレンド」を知れば相場が読みやすくなる!

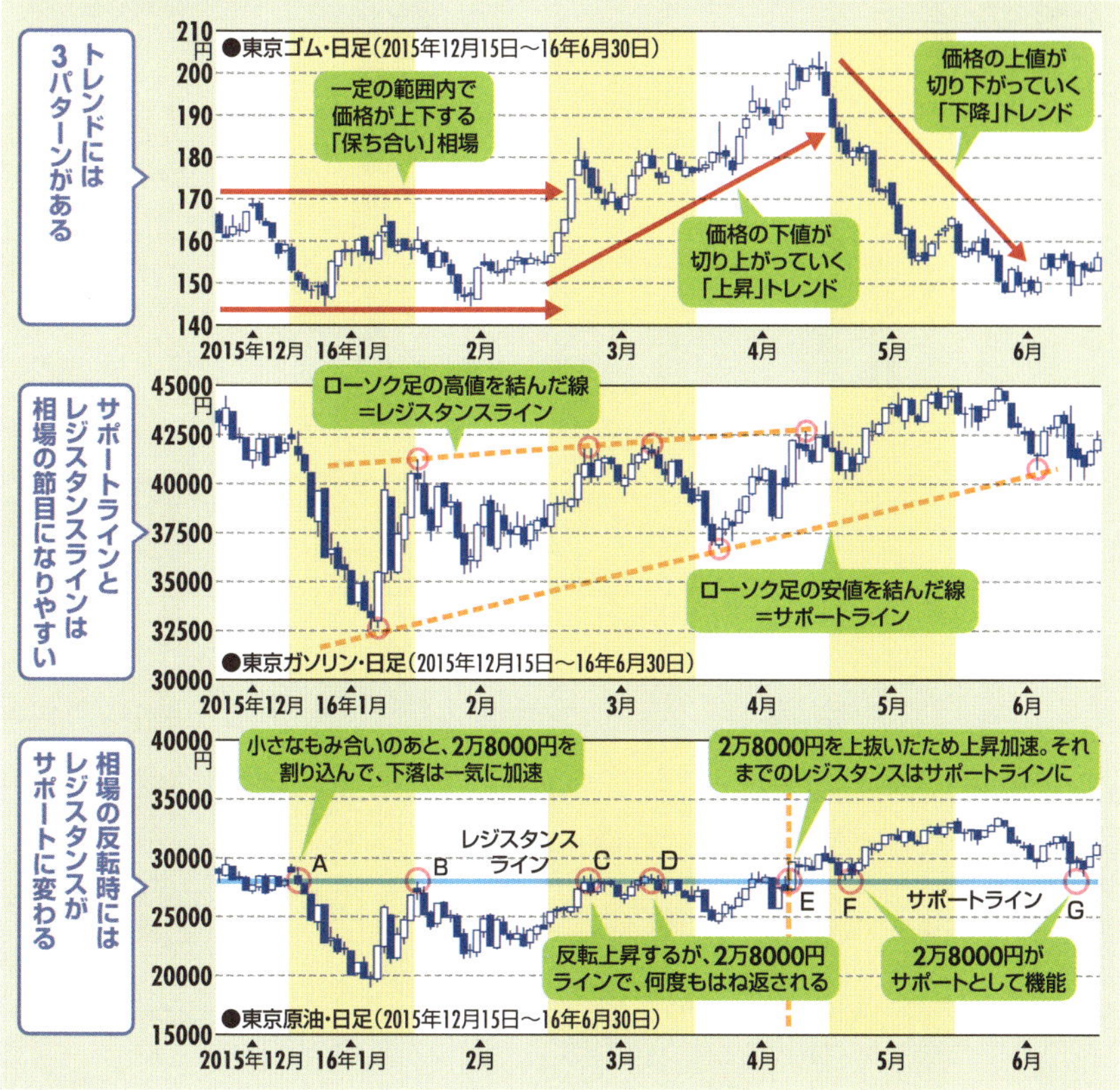

サポートラインとレジスタンスラインは重要

「サポートライン（支持線）」は相場の下落場面でそれ以上は価格が下がりにくい節目、「レジスタンスライン（抵抗線）」は逆に、相場の上昇局面でそれ以上は価格が上がりにくい節目のことです。

しかし、サポートを破って価格が下抜けた時には、さっきまでサポートとして認識されていた値位置が今後はレジスタンスに変わり、価格はその値位置よりも上がりにくくなります。レジスタンスはその逆で、なかなか抜けなかったレジスタンスを抜いて価格が上昇した場合には、その値位置が今度はサポートになります。

こうした節目は、チャート上にはほかにも多く存在します。マーケットでは「トレンドライン」、「前回高値（安値）」、「移動平均線」などに注意しつつ取引することが重要です。

テクニカル分析キホンのキ③ 出来高・取組高をチェック

価格上昇、出来高が増えれば「強気」のサイン

マーケットでは買い手と売り手のエネルギーがぶつかり合って売買が成立し、価格が形成されます。そのエネルギーの流れや変化を知ることができれば、価格の方向性を予測するのに活かすことも不可能ではありません。

マーケットのエネルギーを判断する目安のひとつとして「出来高」と「取組高」があります。

出来高はマーケットで売り注文と買い注文が出会い、売買が成立した数量です。10枚の買い注文と10枚の売り注文の売買が成立したら出来高は10枚と数えます。

取引されている銘柄に人気があれば出来高はどんどん増えていきます。

マーケットで出来高を増やしながら価格が上昇している状況は、さらに価格の上昇が期待できる強気のサインです。つまり相場は上昇トレンドの渦中にあります。しかし価格は上昇しながらも出来高が減ってきたら要注意。価格上昇のパワーは衰え、そろそろトレンドの曲がり角が見えてきます。

逆のパターン、すなわち出来高を増やしながら価格が下げているのは弱気のサインです。上昇に向けての反転のサインは出来高を減らしながらの下落です。

取組高の増減と価格の関係 強気と弱気の理由

取組高はマーケットで手仕舞い（反対売買または決済）されていないポジション（建玉＝たてぎょく）の数です。買い建玉が50枚なら当然、売り建玉も50枚になるはずで、その場合の取組

売買注文と取組高の関係

		買い注文 新規	買い注文 決済
売り注文	新規	増加	不変
売り注文	決済	不変	減少

出来高や取組高はトレンドと大いに関係がある！

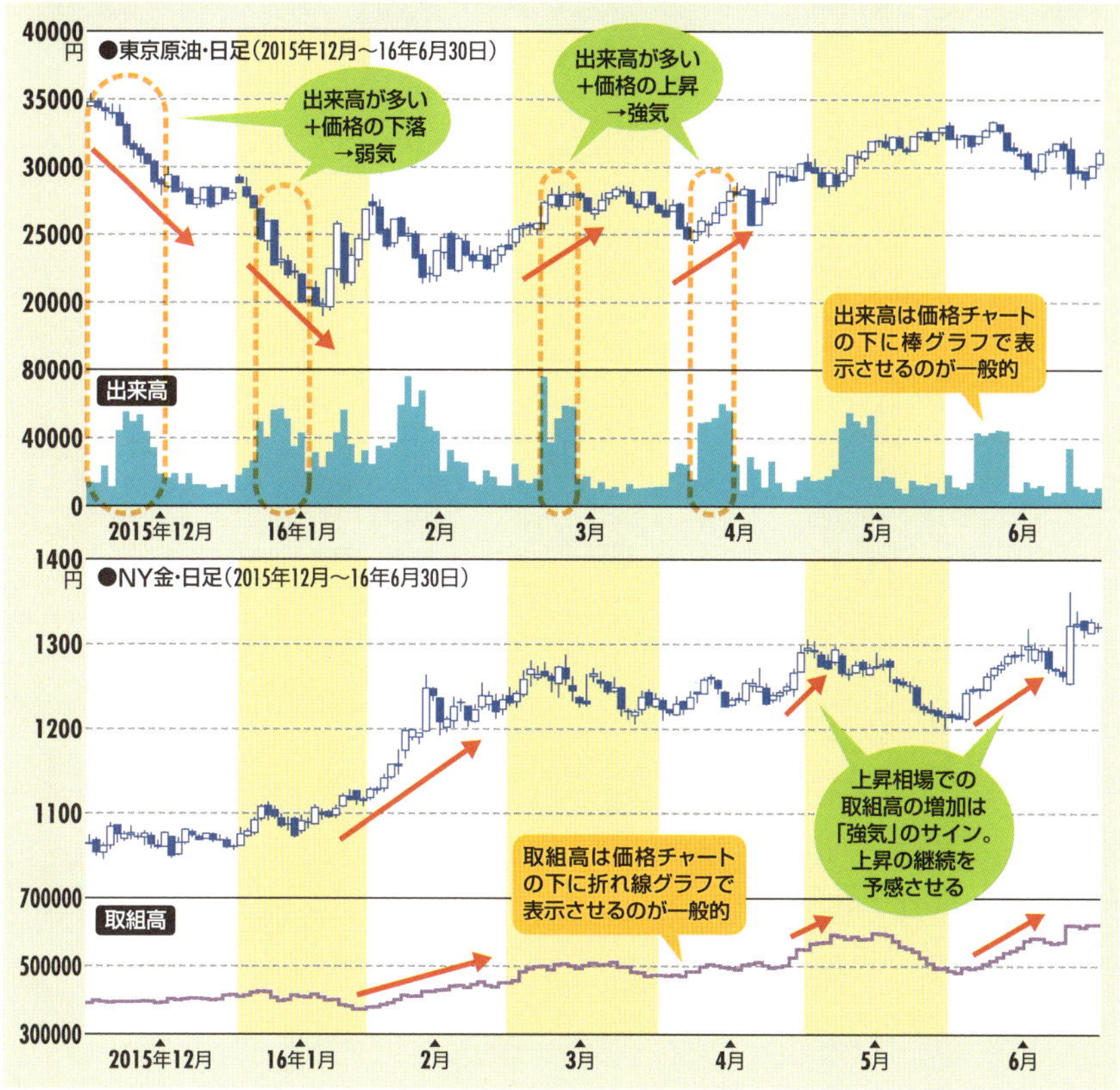

高は50枚とカウントします。ではどういう状況で取組高は増減するのでしょうか。

売買注文には新規注文と決済注文があります。新規注文と決済注文で売買が成立しても建玉数は変わりません。新規注文同士で売買が成立すれば建玉は増加し、マーケットに資金の流入をもたらします。しかし決済注文同士での売買成立は建玉を減らし、資金は流出します。

価格と取組高の関係では、取組高を増やしながら価格が上昇している時は強気のサインです。また取組高が減少しながら価格が上昇しているのは弱気への転換サインと受け止めることができます。

その逆に相場の下落を伴う取組高の増加は弱気のサインです。しかし取組高が減ってきたら、それは下落の終焉、そして反転上昇への予兆と考えられます。

価格、出来高、取組高はきわめて基本的な情報です。マーケットの状況を常に把握しておくことは重要です。

テクニカル分析キホンのキ④
パターン分析 ダブルトップとダブルボトム

価格が織りなす特定パターンを探す

チャート上でサポートラインやレジスタンスラインを認識するための手がかりのひとつに「W（ダブル）トップ」「Wボトム」という考え方があります。きわめてポピュラーで、かつ確度が高いとされるテクニカル分析手法ですから、しっかり理解することをお勧めします。

チャート上に特定のパターンを見つけ、過去の経験則から将来の価格の方向性を予測するテクニカル分析手法を「パターン分析」と呼びます。

左ページの図はNY原油先物期近、2015年12月から16年6月末までの約7カ月間の日足チャートです。

価格は15年12月から急激に下降し、16年1月中旬に27ドル56セントの安値Ⓐをつけたのち、1月下旬に34ドル82セントⒷまで上昇しています。そして今度はその高値から反転して下降。2月中旬に再び26ドル05セントⒸの安値をつけていますが、この価格は前回安値の27ドル56セントに近い水準です。そして価格は再度上昇へと転じました。

このほぼ同じ位置にある2回の安値「ダブルボトム（底）」を結んだ青の破線がこれよりも下げにくいサポートラインとなります。つまり相場が2回目の安値をつけたあと、前回安値を超えて下げることなく反転上昇を確認した時点で、この相場は反発上昇をたどるのではないかと予想します。

この逆の考え方がダブルトップで、直前の高値と同水準の2回目の高値をつけたのちに下落に転じれば、その2回の高値を結んだ線がレジスタンスラインということになります。

戻り売り・押し目買いはネックラインを目安に

次に赤い破線で示したⒷの延長線上に注目してください。

Wボトムを形成したあと上昇に転じた

ダブルボトムはこれからの上昇を示唆する

相場はⒷの水準を抜いてⒹの42ドル49セントまで上昇します。しかしそこから再度逆転して下降をたどっています。その下降が止むのがⒺ地点ですが、これはⒷの高値と同水準です。

Ⓑの延長線である赤い破線を「ネックライン」と呼びますが、Wボトム形成以降はⒷの価格水準がサポートとなって相場の下落を支えているのです。

Wボトムを確認できたのちは、ネックラインでの押し目買い、Wトップの場合はその逆で、戻り売りを狙うのが定石です。

しかし、反転した相場がネックラインを割り込んでくるようなら要注意です。Wボトムのサポートが大底ではない可能性も芽生えてきます。必ずしも思い描いたパターンに固執することなく、柔軟な対応が求められる場合も少なくありません。

テクニカル分析 キホンのキ⑤
パターン分析 ヘッド&ショルダー

3つの山の関係から トレンド転換の予兆を知る

Wトップ、Wボトムと並んで基本的なパターンが「ヘッド&ショルダーズ・トップ」とその逆パターンの「ヘッド&ショルダーズ・ボトム」です。日本では「三尊（さんぞん）」「逆三尊」とも呼びます。

上昇トレンドが下降トレンドへ転換する時、下降トレンドが上昇トレンドへと転換する時によく現れるパターンです。

基本構成は真ん中が最も高い3つの山です。その格好が頭と両肩に見えるため「ヘッド&ショルダー」と表現しています。

ちなみに「三尊」とは、「中尊」の如来さまが左右に両脇侍（きょうじ）像を配置して安置されている姿に基づくネーミングです。表現は異なりますが、発想は洋の東西を問わず同じであることが、とても興味深いところです。

さて、左図は2015年12月から16年5月にかけての金先物期先日足チャートです。緑色の実線でヘッド&ショルダーを形成している部分をなぞってみました。

金相場は16年1月中旬から力強い上昇トレンドを鮮明にしていますが2月中旬にⒶで反落してⒷまで下げ、そこから反騰しています。直近高値のⒶを抜いた時点で上昇トレンドの継続が確認できますから、これは典型的な「調整」の下落です。

反騰は3月半ばⒸまで続きます。しかしそこから再度の下落を見せます。3月下旬にⒹでまた反転上昇に転じますが、今度は直近高値のⒸを上抜くことができず、同月末にⒺで下降に転じています。

この時点でトップと左右のショルダーが姿を明らかにし、トレンドの反転チャートパターンであるヘッド&ショルダーズ・トップが完成します。

仕掛けのタイミングは ネックラインを見定めて決める

右と左ショルダーの反騰ポイントであるⒷとⒹを結んだラインをネックライン

ヘッド&ショルダーズ・トップが出たら要注意！

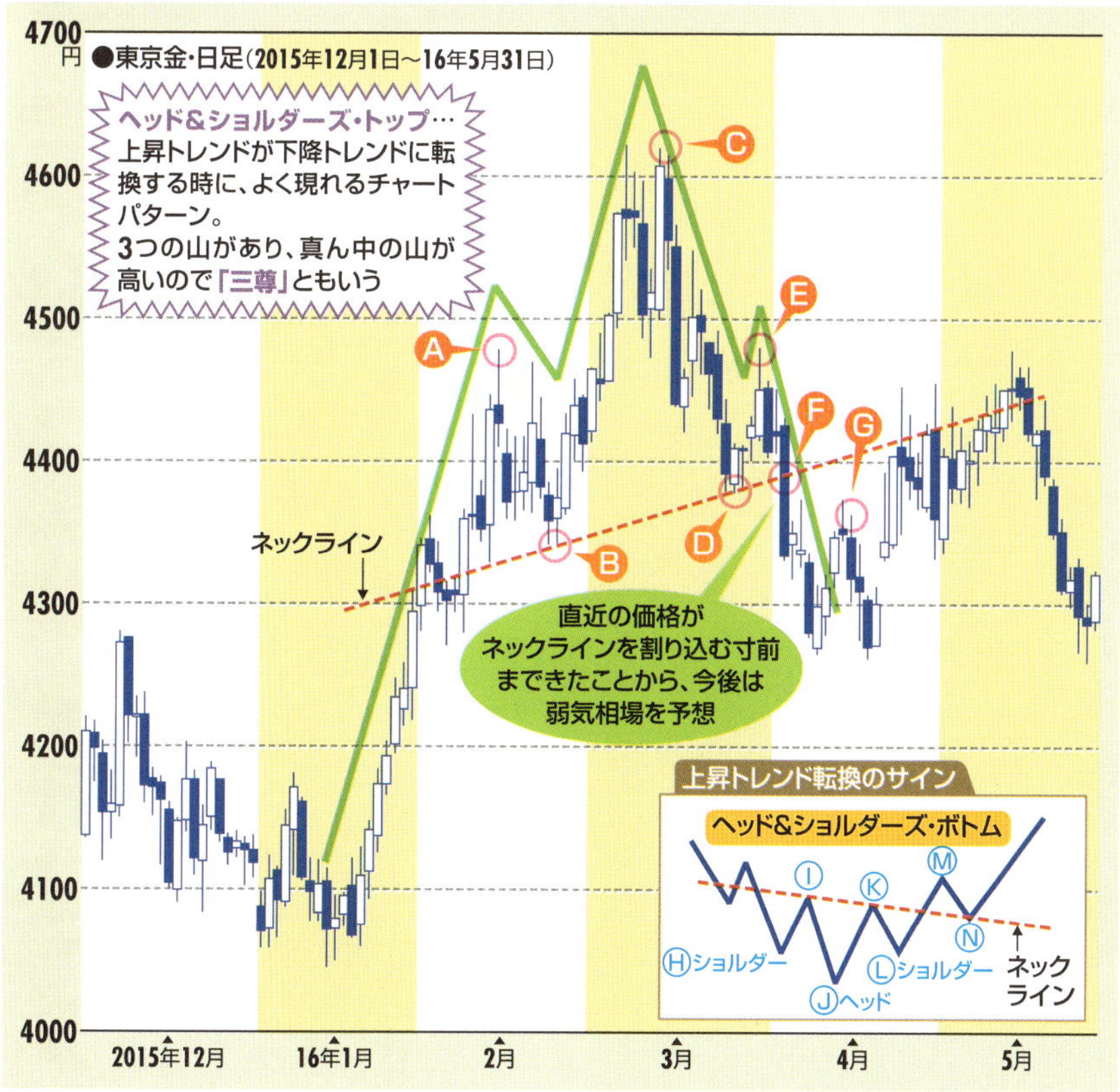

（＝トレンドライン）と呼びます。

　このパターンで仕掛けるタイミングは、ネックラインを下回ったⒻでの売りか、ネックライン付近まで戻して反落した直後のⒼ近辺での売りが有効と考えられます。

　ヘッド&ショルダーズ・トップを鏡で映したように上下逆転させたチャートパターンがヘッド&ショルダーズ・ボトムです。大底のⒿ部分がヘッド、それよりも高い値位置に頂点を持ちⒿを挟み込むような2つの谷ⒽとⓁがショルダーです。この場合のネックラインは両ショルダーの反落ポイントであるⒾとⓀを結んだ線。右ショルダーのⓁからの反騰がネックラインを超えた時点でヘッド&ショルダーズ・ボトムの完成です。

　仕掛けのタイミングはⓁからの反騰がネックラインを上回った時点での買いか、ネックライン付近まで下げて反騰した直後のⓃ近辺での買いです。

テクニカル分析キホンのキ⑥
パターン分析 三角保ち合いに注目！

高値と安値が次第に三角形に収束していくパターン

価格が上昇または下降の明確なトレンドを描くことなく、一定の価格帯の中で「もみ合い（保ち合い相場）」ながら、次第に狭い範囲に収れんしていく場面があります。チャート上の高値と安値を、それぞれ線で結んだトレンドラインの動きに注意してみましょう。時間の経過とともに動きの幅が小さくなってきたら要注意です。

左ページの図は東京ゴールドスポット100（ゴールド100）の2015年12月から16年7月にかけての日足チャートです。

相場は16年の年初から4100円割れを何度も試したものの同値の抵抗は厚く、結局、1月15日を契機に急激な上昇トレンドに移行しています。その上昇がピークをつけたのは3月7日（4651円）のことです。その後は下落→上昇→下落といった動きを繰り返し、価格の上下幅が次第に狭まっています。

それを検証するために高値と安値の位置に注目してみます。

まずは高値です。3月7日（4651円）、5月17日（4503円）、6月16日（4424円）の高値を1本の線で結んでみます。この線は今回の相場の中でのレジスタンスライン、つまり上値のメドになっています。

次は安値です。4月8日（4295円）、4月18日（4291円）、6月3日（4243円）、6月24日（4220円）の安値に注目し、これらを結ぶ線を引きます。これがサポートライン、つまり下値のメドです。このレジスタンスとサポートトラインを結ぶと三角形になりますが、こうした相場を「三角保ち合い」といいます。

レジスタンスを上か下かにブレイクした時が大切！

上のチャートでは三角形の先端、すな

三角保ち合いはブレイクに注目!

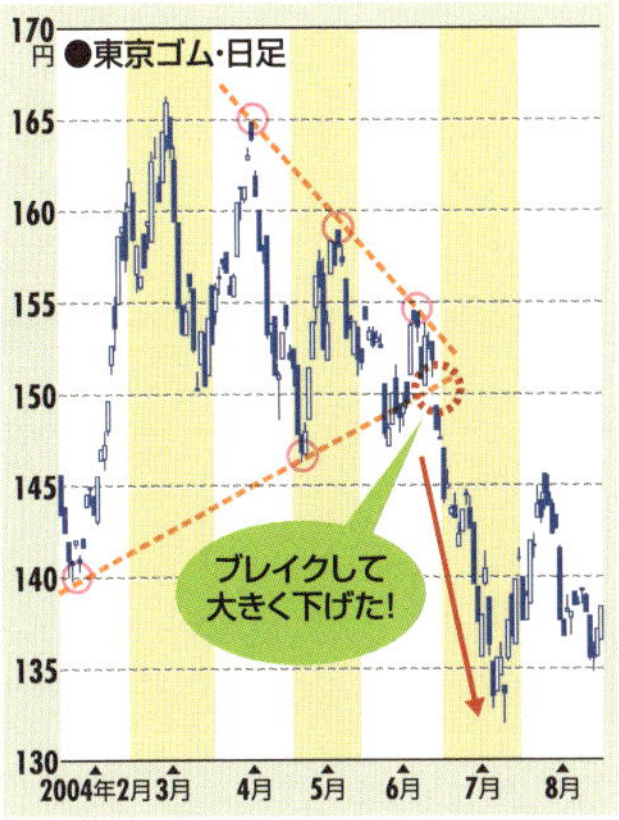

わち三角保ち合いの終点の手前で価格が上方に跳ね動いています。レジスタンスラインを超えて上昇しているので、その状況を、価格が「ブレイク」すると表現します。サポートラインを超えて下落する場合も同様です。

左のチャートは東京ゴム先物期先の実際の相場ですが、三角保ち合いの果てに価格は下方に向けて大きくブレイクしています。そして**保ち合い相場では、ブレイクした方向にポジションをとる（＝順張り）ことが定石とされています。**

もっとも重要なテクニカル指標
移動平均線を覚えよう！

バラツキのある価格から トレンドを読み取るツール

移動平均線は価格の変化を確認するうえで最も重要かつポピュラーなテクニカル指標のひとつです。バラツキのある価格を滑らかな一本の線にして変化の傾向を読み取ることが目的ですが、平均のとり方を変えたり、複数の移動平均線を組み合わせたりすることで驚きの効果を発揮します。

チャート上で毎日の価格（一般的には終値）を単純につなぎ合わせるとギザギザで見にくくなってしまいます。このため移動平均線では、複数の日にちの平均価格を計算して滑らかな線を描きます。

その際、「今日と明日」「明日と明後日」「明後日とその次の日」というように、計算する日を1日ずつずらしながら平均値を算出します。また「今日と明日と明後日」というように、「平均」を計算する日にちを増やせば増やすほど角はとれ、線は滑らかさを増します。

平均値をつないだものが「移動平均線」で、計算の対象がX日なら「X日移動平均」と呼びます。

商品先物価格の分析では5日、10日、13日、21日、25日、50日、75日、90日、200日などの移動平均が多く用いられます。逆に時間枠を縮めて、1時間、30分、5分、1分単位で移動平均を計算することもあります。移動平均線は自分のトレードスタイルに合わせて使い分け、複数の異なる時間枠を参照するのが一般的です。

ローソク足との関係から トレンドの状態を読み解こう

移動平均線が上向きならトレンドは上昇基調、下向きなら下降基調で、その角度が大きければ大きいほどトレンドは強いことになります。トレンドが出ていなければ移動平均線は時間軸と平行に近く推移するはずです。

また、例えば5日間の移動平均値は、

価格の変化を大きくとらえるのに役立つ

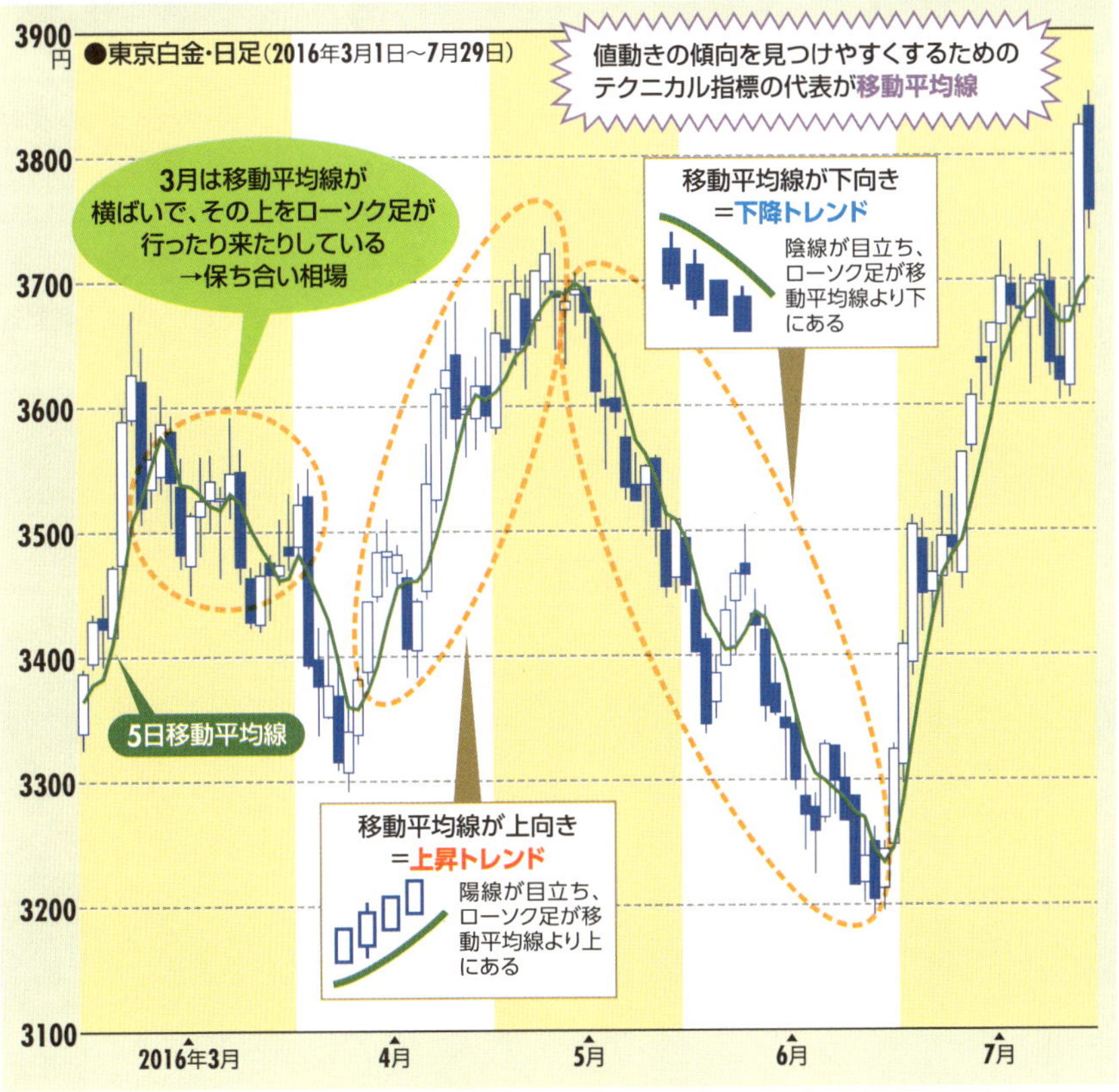

過去5日間のポジションの平均コストに相当します。建玉した価格が移動平均よりも上なら買っている人は利益を得ているはずですし、売っている人はマイナスになっているとの想定が成り立ちます。

上の図は東京白金先物期先の2016年3月から7月にかけての値動きです。ローソク足チャートと5日移動平均線の位置を見ながら、大まかなトレンドを判断します。

上昇トレンド時には、移動平均線は右上がりで、かつローソク足は陽線が目立ち、移動平均線の上に位置しています。

下降トレンドはその逆です。移動平均線は右下がりで、ローソク足は陰線が目立ち、移動平均線よりも下に位置していることが確認できます。

移動平均線は上昇トレンドの時にはサポートライン、下降トレンドの時にはレジスタンスラインとして機能している点にも注意しておきましょう。

複数の移動平均線のクロスが売買タイミングを教えてくれる

2本の移動平均線でトレンド転換を見る

次はトレンドが変わるタイミングを予測します。いまが上昇トレンドにある、あるいはすでに下降トレンドに入っているとわかれば、格段に利益を獲りやすくなるはずです。そのためには2本の異なる時間枠の移動平均線を使います。

2本の移動平均線は、短期の移動平均線（短期線）と、それに対して相対的に長期の移動平均線（長期線）です。ポイントは2本の線がどのようにクロス（交差）するかを見極めることです。

短期線が長期線を「下から上に」突き抜けている形を「ゴールデンクロス」、短期線が長期線を「上から下に」突き抜けている形を「デッドクロス」と呼びます。ゴールデンクロスは上昇トレンドへの転換、デッドクロスは下降トレンドへの転換のサインです。ただしゴールデンクロスは「長期線が横ばいか上向きの時」、デッドクロスは「長期線が横ばいか下向きの時」にクロスすることが条件です。この条件を満たさないクロスは「ダマシ」となることが多いので注意が必要です。

このことを実際の相場で確かめてみましょう。左ページの図は東京金先物期先の日足チャートです。2本の移動平均線は、短期線（緑）が9日移動平均、長期線（オレンジ）が45日移動平均です。

ゴールデンクロスは買いサイン デッドクロスは売りサイン

ゴールデンクロスの例を見てみましょう。東京金は２０１５年10月初旬に長い陽線をつけて直前の下げ相場からボトムアウト。その後は陽線を重ねて上昇トレンドを形成しています。ゴールデンクロスしたのは10月初旬Ⓐ、横ばいから上向きになった長期線を短期線が貫きました。この時に買っていれば、その後の上昇分を利益にできていたはずです。

しかし、その上昇トレンドも10月中旬には上昇力を失ってもみ合いとなり、10

移動平均線の交差が重要

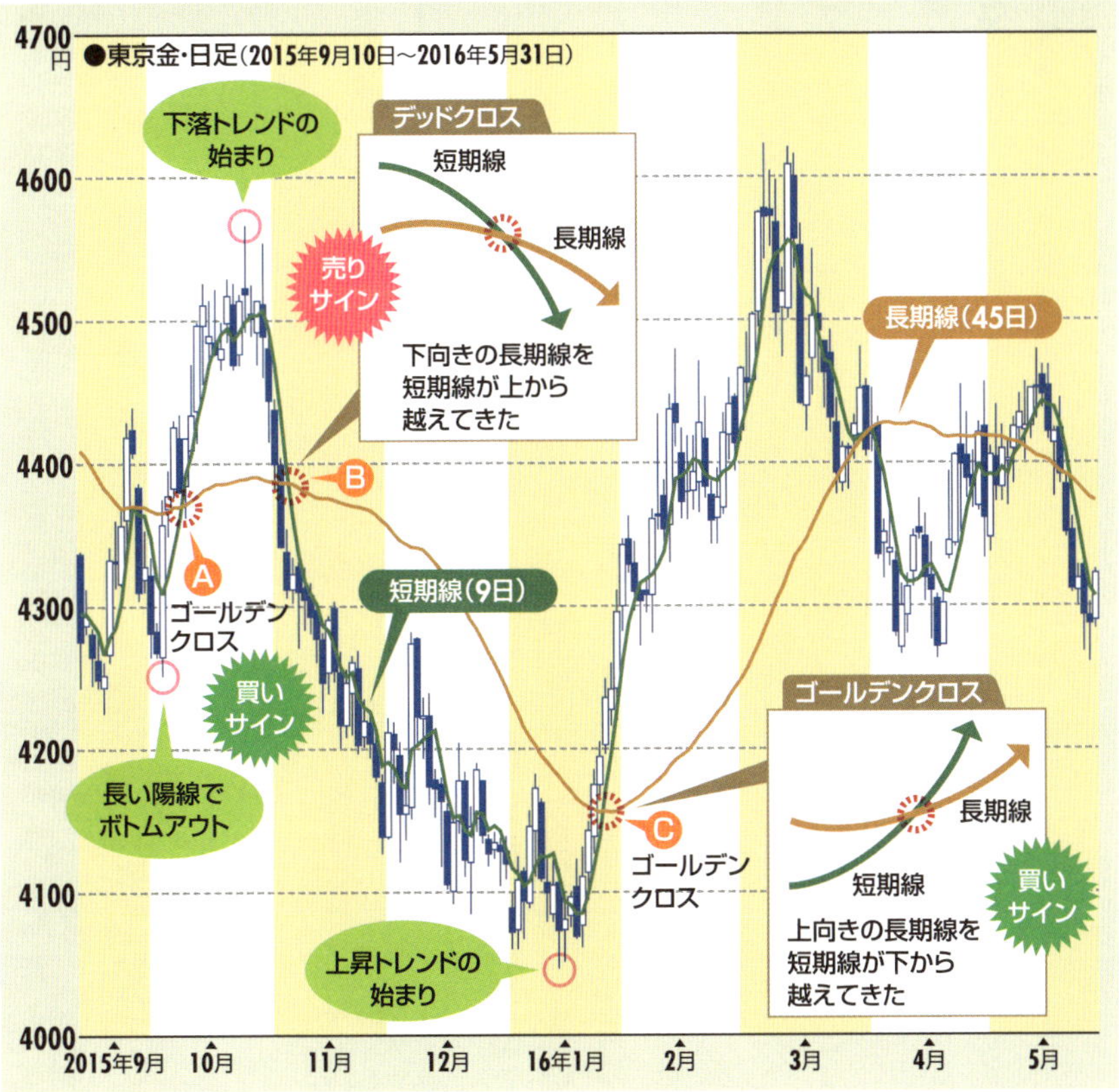

月末には一転して下降トレンド入り。陰線が連日並びますが、依然として短期線は長期線の上側に位置しています。

デッドクロスは11月上旬Ⓑで起きました。下向きになり始めた長期線を短期線が下抜いています。その後は緩やかな下降相場が16年1月まで継続。当然、売りが有利です。

再度ゴールデンクロスが起きるのは1月末のⒸ地点です。この3回のクロスはそれぞれ条件を満たし、教科書通りの動きになっていることを確認してください。

しかし長期線が下向きの時に短期線が長期線を上抜くゴールデンクロスのダマシ、長期線が上向きの時に短期線が長期線を下抜くデッドクロスのダマシは頻繁に起きるので注意が必要です。

なお移動平均線の時間枠の設定は銘柄ごとのクセと経験、トレード手法によってさまざまです。基本をつかんだら独自に研究してみることをお勧めします。

移動平均線を使った売買シグナル グランビルの法則を覚えておこう！

移動平均線と価格の位置関係に注目して売買ポイントを探る

グランビルの法則とは、金融専門の記者だったジョセフ（ジョー）・グランビル氏自らの経験に基づく発見で、売買ポイントをパターン化したものです。グランビル氏は1970年代から90年代にかけ、何度も米国株式市場の急落を言い当てたことで、金融市場でその名を馳せました。

グランビルの法則を簡単にいえば、移動平均線と価格の位置関係をもとに、買いまたは売りのポイントを割り出すテクニカル分析手法です。基本パターンを覚えてしまえば目が慣れてきて、チャートを眺めているうちに自然と売買シグナルが頭に浮かぶようになります。

グランビルの法則では、移動平均線の方向（上昇・下降・横ばい）と、それに近づいたり遠ざかったりしていく価格の動きに着目し、売買のポイントを見つけ出します。21日、50日、90日、200日程度の期間の移動平均線を用いるのが一般的です。

左ページの図は、グランビルの法則による移動平均線と価格の関係を単純化したものです。以下の説明と図中の丸数字は対応しています。

ここが「買い」シグナルとなる4つのポイント

① 移動平均線（黄色の破線）が下降から横ばい、または上昇に転じ始めた時に、価格（青色の実線）が移動平均線を上抜いた。

② 移動平均線が上昇中に、移動平均線をいったん下抜いた価格が、再び上抜いた。

③ 移動平均線が上昇中に、移動平均線よりも上に位置する価格が移動平均線に近づく格好で下降しながらも、タッチせず再び上昇に転じた。

④ 移動平均線が横ばいまたは上昇から

売買ポイントをわかりやすく表現

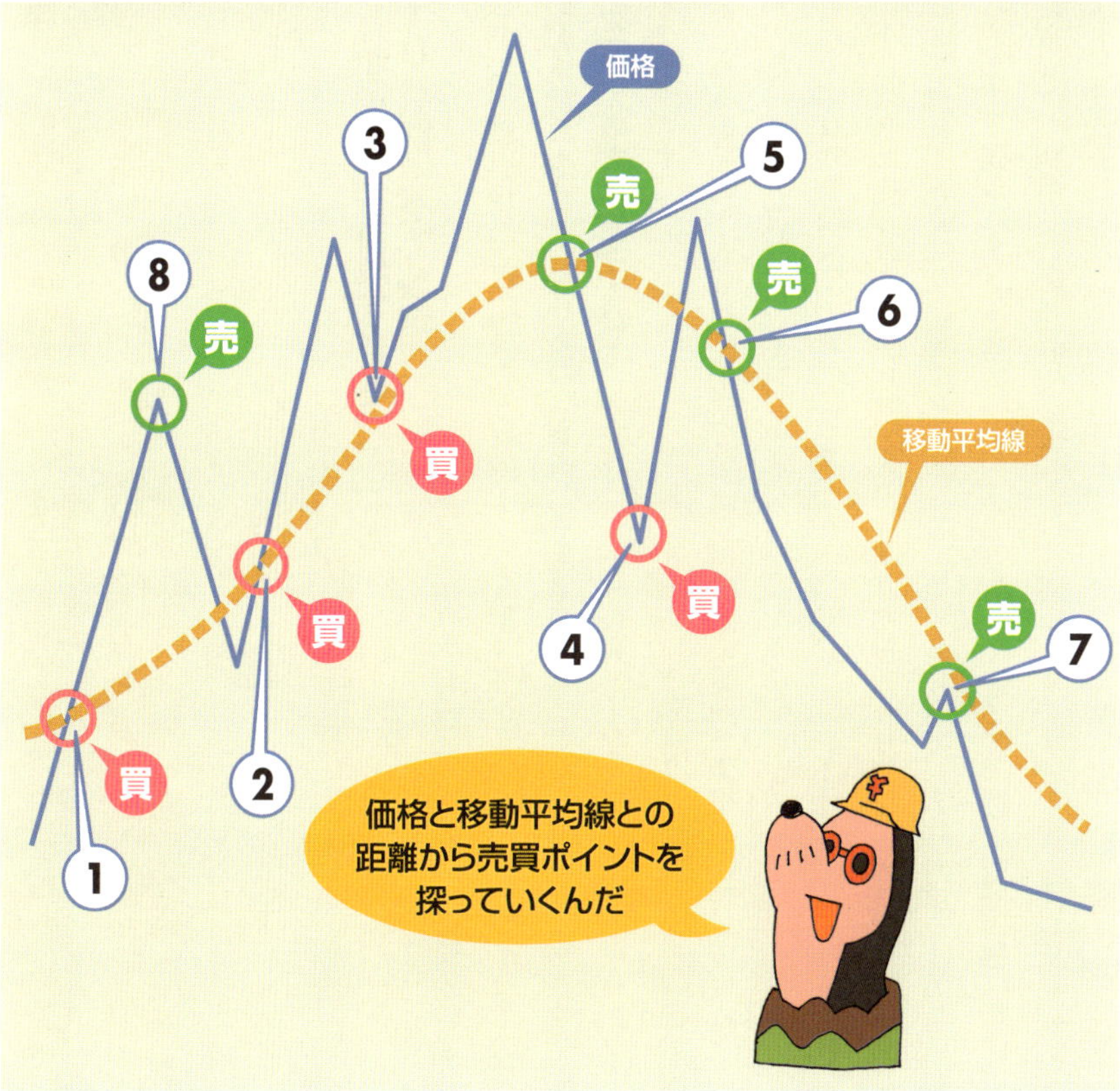

下降に転じたのち、移動平均線を下抜いた価格がさらに大きく下げた。

ここが「売り」シグナルとなる4つのポイント

⑤ 移動平均線が横ばいから上昇、または横ばいから下降に転じ始めた時に、終値が移動平均線を下抜いた。

⑥ 移動平均線が下降中に、移動平均線をいったん上抜いた価格が、再び下抜いた。

⑦ 移動平均線が下降中に、移動平均線よりも下に位置する価格が移動平均線に近づく格好で上昇しながらも、タッチせず再び下落に転じた。

⑧ 移動平均線が横ばいまたは上昇に転じたのち、移動平均線を上抜いた価格が大きく上げた。

保ち合い相場で威力を発揮！RSIで相場の過熱感を知ろう

買われすぎや売られすぎを0~100の数字で表示

RSI（相対力指数）は相場が一定の価格の範囲内でもみ合っている時（保ち合い相場）に威力を発揮するテクニカル分析のツールです。

いま、ある商品が「売られすぎ」ているのか、それとも「買われすぎ」ているのかを0~100%の数値で判断して、数値が小さければ売られすぎで買い、大きければ買われすぎで売りのサインとしてとらえます。売られすぎて価格が下がった（割安）と判断した時に買い、逆に買われすぎて価格が上昇した（割高）と判断した時に売る取引戦略を逆張りといいます（130ページ参照）。

左ページの図は東京金先物期先の2015年9月から16年6月末にかけての値動きです。上段にローソク足チャートを、下段にRSIを並べています。ローソク足からは下値4100円、上値4600円ほどの範囲で価格が推移していることがわかります。

一方、RSIは11月中旬、11月下旬、4月初旬、6月初旬に30%以下に、2月上旬、2月中旬、3月上旬には70%以上となっています。図中のⒶ~Ⓖは時間的に対応していますので、それぞれの関係性を確認してください。必ずしもRSIが価格変動のきっかけとなっているわけではありませんが、一定程度の関連がうかがえます。

明確なトレンドが出ている時は機能しにくいのが弱点

RSIは、一定の期間に、価格に上昇圧力と下降圧力がどのように働いていたのかを計測し指標としています。

上昇圧力は、例えば直近14日間の終値に着目し、前日比の値上がり幅を合計して算出します（これをAとします）。下降圧力はその逆で、値下がり幅の合計です（これをBとします）。

AとBの合計が、上下いずれかに価格

相場の過熱感を数字で具体的に表示する

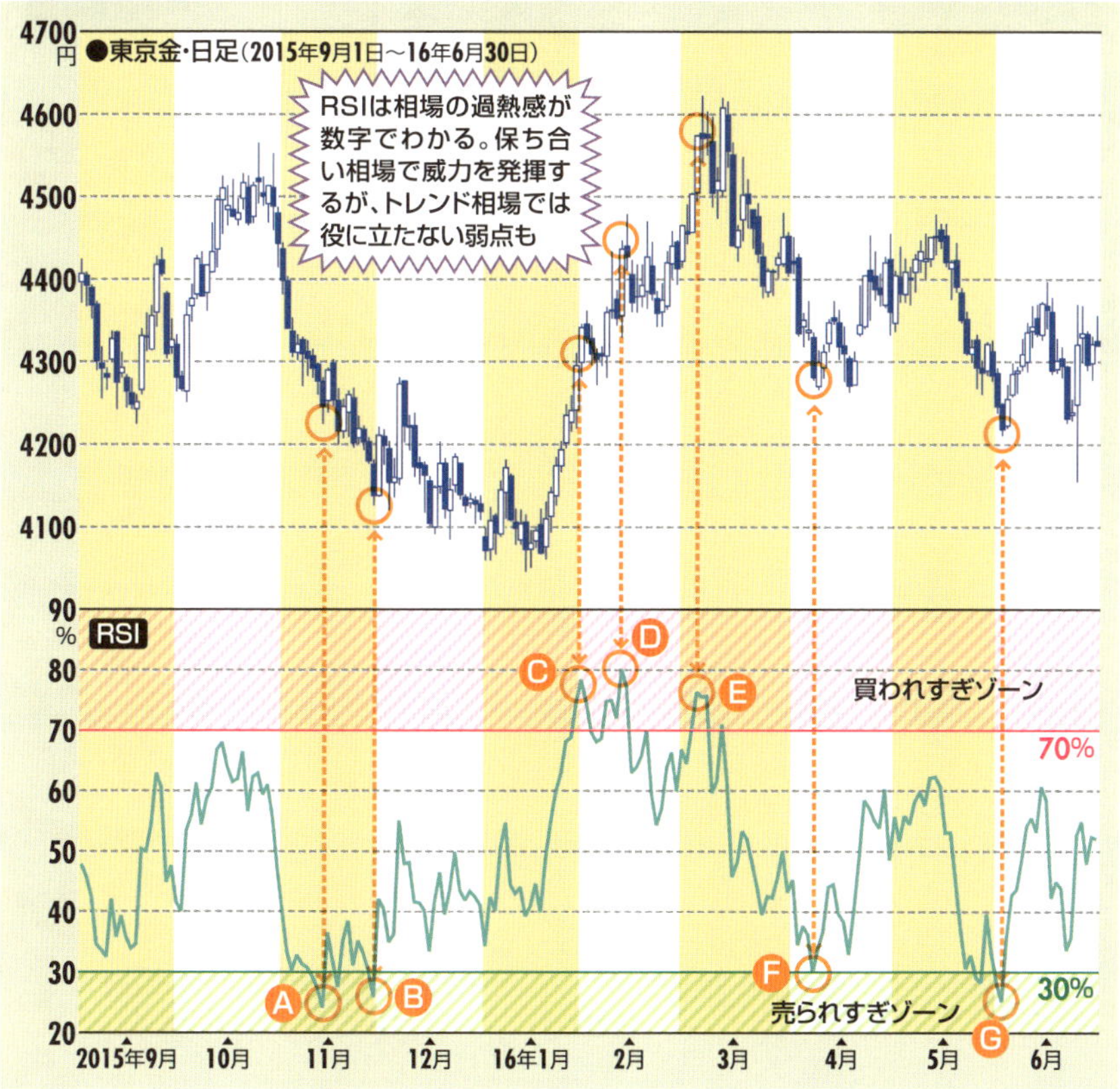

を変化させようとする圧力です。指標はこの圧力に占めるAの割合で、A÷（A＋B）×100を計算して求めます。上のチャートでは、算出した数値が30％以下なら売られすぎで買い、70％以上なら買われすぎで売りの目安としています。

期間には9日や11日、割安と割高を判定する水準には20％と80％、25％と75％の組み合わせを使う場合もありますが、そこは銘柄やトレーダーの経験によって異なります。

ＲＳＩは強いトレンドが形成され、相場が一方向に動き出した場合には役に立たなくなるのが弱点です。このためＲＳＩはその他のテクニカル指標とあわせて使うことが有効とされています。

保ち合い相場では、価格が電気の交流波のように一定の範囲を行き来します。そうした状況に強いテクニカル指標を、オシレーター系と呼びます。ＲＳＩはオシレーター系の代表格です。

もうひとつのオシレーター系指標、ストキャスティクスも覚えておきたい

RSIと同様に保ち合い相場で威力を発揮

ストキャスティクスはRSIと並ぶオシレーター系の代表的なテクニカル分析ツールです。過去の高値または安値に対して現在の価格がどのような関係にあるのかをRSI同様に0～100の数値で示し、「売られすぎ」なのか、「買われすぎ」の状態にあるのかを判断します。狙いはRSIと同じく保ち合い相場の中での逆張りです。

ストキャスティクスは「相場が転換点に達する時は、直近の価格帯の高値または安値近辺で終値をつける傾向がある」という観察に基づき、1950年代に米国のジョージ・レイン氏が考案した指標です。

一定期間の価格の高低差と終値の関係から算出する%Kと、その移動平均である%Dの組み合わせで相場の転換点を探すのが基本です。

売られすぎ買われすぎを判断する水準は商品や期間によって調整する必要がありますが、**おおむね15%～30%以下が売られすぎ、75%～85%以上が買われすぎを判断する水準です。**

売られすぎゾーン内で%Kが%Dを下から上に抜いた時が買いのサイン、買われすぎゾーン内で%Kが%Dを上から下に抜いた時が売りサインです。これはゴールデンクロス、デッドクロス（108ページ参照）の考え方に似ています。

2本の線のクロスが売買タイミングを示唆する

左ページの図は東京金先物期先の2015年12月から16年7月にかけての推移です。

上段にローソク足チャート（日足）を、下段に%Kと%Dの変化を示しています。%Kの算出期間は14日、%Dの移動平均は3日としました。

売られすぎゾーン内のⒶ～Ⓒでは、いずれも%Kが%Dを下から上に抜いてい

ストキャスティクスもRSIと同様に逆張りで有効

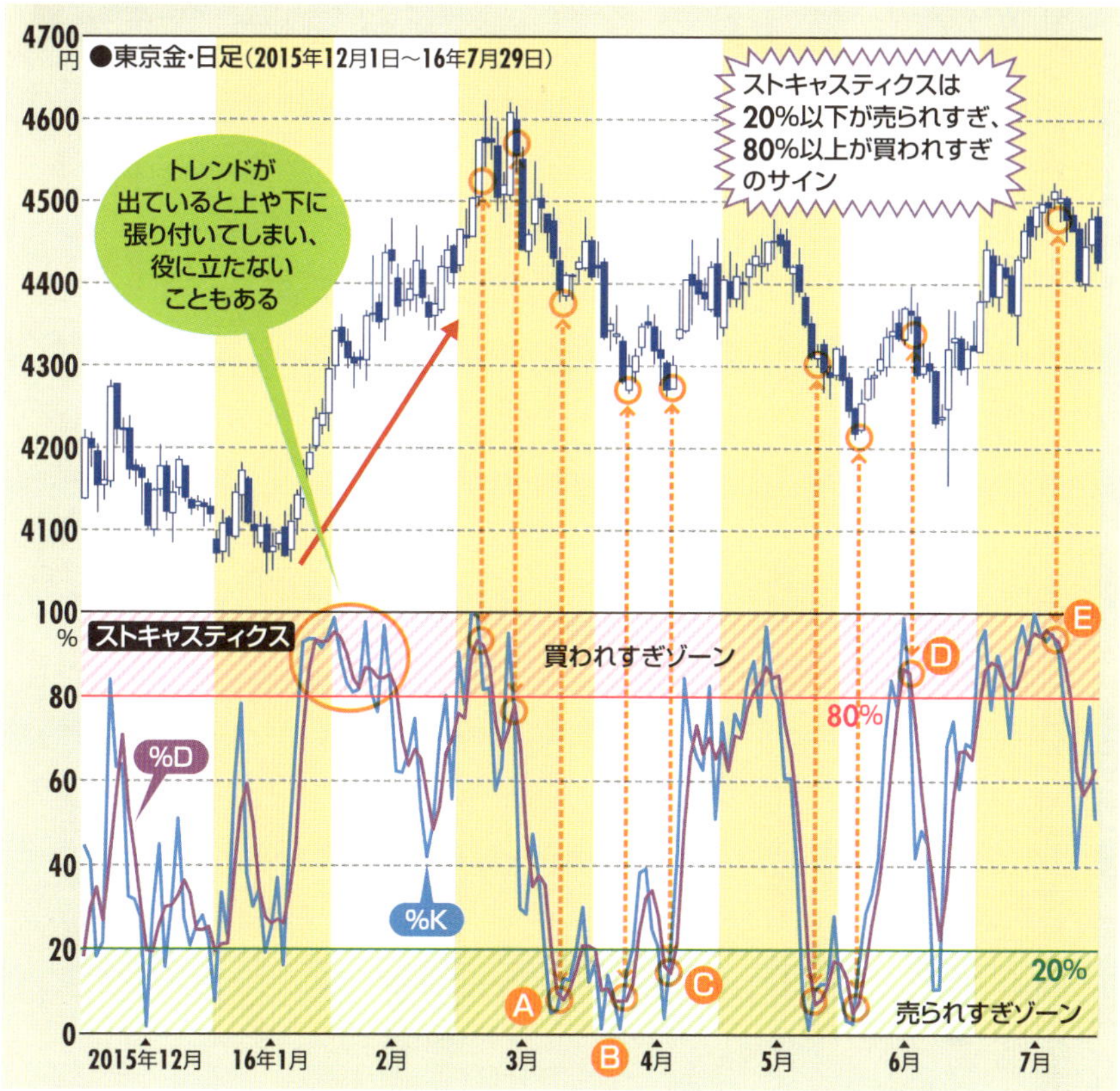

るため買いサインです。また買われすぎゾーン内のDとEは%Kが%Dを上から下に抜いているので売りサインです。

ローソク足を見ると、サインに呼応する格好で価格が上昇、下降するきっかけになっていることが確認できます。

しかし1月中旬から3月中旬にかけての強い上昇トレンドの最中はどうだったでしょう。例えば1月下旬には%K、%Dともに100%に近い数値を示しています（オレンジ色の円印）が、価格はどんどん上昇しています。

このように強いトレンドが発生している局面では、ゾーンに張り付いてしまい、売買サインに「ダマシ」が発生しやすくなります。 RSI同様、他のテクニカル指標と併用が望ましいでしょう。

商品先物会社をフル活用しよう！

入手が困難な情報や解説が無料または格安で手に入る

ファンダメンタルズ分析でもテクニカル分析でも、商品先物取引に臨むためには、タイムリーかつ正確な情報の入手が不可欠です。そしてその情報の入手は、IT環境が充実している現代では、驚くほど整備され容易になっています。インターネットを使えば、世界のさまざまなニュースにも、専門家の相場分析にも瞬時にアクセスが可能です。

しかし、そうして得られる情報はまさに玉石混交。取捨選択を誤れば、逆に自分の足を引っ張ることにもなりかねません。ですから、商品先物会社の情報ネットワークや対面アドバイザーを情報源とするのは現実的かつ賢明なやり方です。

とはいえ取引の主人公はやはり自分自身であることを忘れてはいけません。アドバイザーからプロの意見を聞くにしても、前提として、それを十分に理解できるだけの知識を身につけておくことは「知的なマネーゲーム」を楽しむうえで欠かすことはできません。

著名アナリストの講演をタダで聴けるチャンスがある

まず最大限に利用すべきは、商品先物会社が配信する情報です。商品先物会社はどの社も、長年かけて培ったノウハウと経験に基づく独自の情報ネットワークを確立しています。新聞やテレビでは報道されない、またインターネットでも入手が困難な情報を持っている場合が往々にしてあります。加えてそうした情報に基づく的確な相場解説や価格予想の提供もあり、投資家は取引口座を開設すれば、ほぼすべてを無料で入手できるのです。

通常の取引スタイルなら情報はそれで十分のはずです。しかしネット画面上の市況分析や、常日頃接している対面アドバイザーとは違う専門家のナマの意見も聞いてみたい、できれば質問もしてみたいというニーズもあるはずです。

商品先物取引会社の情報をフル活用しよう!

商品先物会社の情報メニュー(例)

- 特集・緊急レポート(随時)
- アナリストのコラム(毎日・毎週・毎月更新)
- 市況コメント(総合・為替・貴金属・エネルギー・穀物・その他)
- 週刊レポート
- 価格情報(相場表・板情報・チャート)
- サヤチャート
- 各種テクニカル分析ツール
- メールマガジン(登録無料)
- セミナー開催のお知らせ

お勧めセミナー情報

- 日本商品先物振興協会：www.jcfia.gr.jp/cgi-bin/seminar.cgi
- みんなのコモディティ：cx.minkabu.jp/seminars
- 東京商品取引所：www.tocom.or.jp/jp/
- TOCOM SQUARE：www.tocomsquare.com/

その場合は、**商品先物会社や商品取引所、日本商品先物振興協会が開催するセミナーへの参加がお勧めです。**テレビや新聞で有名な経済アナリスト、国内外のマーケットで莫大な資金を動かしてきた大物トレーダーを招いて開催するセミナーも少なくありません。聴講はほとんどの場合が無料。もちろん、話を聞いたらその会社で取引をしなければならないのではないかとか、あとから勧誘の電話がかかってくるのではといった心配は一切ありません。損失が限定された「スマートCX」(132ページ参照)、「オプション損失限定取引」(62ページ参照)、「金現物取引」以外の先物取引の勧誘は、事前の告知および本人の同意なしにできないことになっているからです。

セミナー情報は主催会社や団体別にネット経由で簡単に入手できます。商品先物関連のサイトをこまめにチェックしてみましょう。

仮想トレードで経験値をアップ！

最低限、紙とペンがあればOK 仮想トレードはお手軽！

商品先物取引の経験がない投資家でもテレビを観たり新聞を読んだりして「金はこれから値上がりするかも！」とインスピレーションがわく時があるはずです。だからといって、すぐさま商品先物会社に取引口座を開設して「いざ出陣」というのは、いささかせっかちにすぎるかもしれません。そんな時は、新車を買う前に試乗をするように、あるいはコースに出る前にゴルフシミュレーターで実戦感覚を養うように、商品先物取引の仮想トレードをお勧めします。

仮想トレードは紙とペンがあれば簡単にできます。

取引の予算（投資総額）と取引商品、取引する枚数を決めたら新聞やインターネットで現在の価格を調べて、買いまたは売りポジションを仮に建ててみましょう。その後、毎日のさまざまな情報をチェックしながら価格の動きを見て、適当な時期に手仕舞いをして収益または損金を計算します。

取引の計算例は54ページに示した通りです。紙とペンの代わりにパソコンで表計算ソフトを使えば、損益計算はずっとラクになります。

もちろん実際のおカネを使うわけではありません。だからといって、自分が賄える投資資金の範囲を超えた大きな取引をするのは無意味です。仮想トレードは現実的な投資資金を想定してやるのが前提です。

仮想トレードだからこそ 実戦に即して臨みたい

取引するのは商品取引所の上場銘柄です。何千銘柄もある株式に比べれば極端に少ないのですが、そこが商品先物取引のいいところ。研究の対象を絞りやすく、それぞれの特徴ある値動きをつぶさに観察できるはずです。

限月は、取引期間の長い期先と短い期

仮想トレードではこんなコトにご注意を!

近のどちらを選ぶかは戦略次第です。実際のマーケットでは流動性の高い期先に出来高が集まっていますが、値動きの違いを調べるために、期先と期近の両方を取引してみるのもよいでしょう。

ここまで決まったら商品先物会社がホームページで公開しているチャートや相場表などを見て、現在の値位置やトレンドの方向性を確認しましょう。そして買いか、売りかを決めます。

取引枚数は資金に応じて決めますが、投資資金すべてを一度に証拠金として使い切るのではなく、相場が予想とは逆に動いた時のことを念頭に置いて、余裕を持たせることが大事です。

自分のポジションの損益状況、また複数のポジションを建てている時はトータルの損益状況の変化、証拠金の必要額と残金を把握していることが大切です。「早めの損切り」「しっかり利食い」に向けた大切な判断材料になるからです。

Column

商品先物取引

トリビア④

タンポポから天然ゴム！乾燥地帯でも生産が可能に

タンポポを原料とした自動車タイヤが市場に出回る日が、そう遠くない将来に訪れようとしています。

ゴムには天然ゴムと合成ゴムがあります。

天然ゴムの原料がゴムノキであることはよく知られていますが、2000年以降、複数の大手タイヤメーカーが、カザフスタンを原産とする「ロシアタンポポ」から天然ゴムを生産する研究を続けているのです。

従来、天然ゴムはアジアの熱帯地域で世界の9割が生産されてきました。これに対しロシアタンポポは温帯および乾燥地域で生育が可能です。根から抽出する白い液体には天然ゴム成分が含まれており、試作では、1ヘクタールに換算したゴム生産量は1・5トンと、現在のゴム農園にも匹敵するほど。

また、採取したゴム成分で自動車タイヤを作ったところ、従来のタイヤに比べ同等の性能を満たしていることが確認されました。

2020年には、ロシアタンポポを使った詳細な事業計画と生産者向けガイドラインも公表される予定です。

根っこに天然ゴム成分が含まれている

Photo : Getty Images

Part 6

超短期から長期まで

自分に合った取引《トレード》スタイルを探そう!

どの程度のリターンを目指しているのか、
どれくらいの頻度で売買を繰り返すのか、トレードに費やせる
時間はどれだけなのか……などなど、
人それぞれで事情は異なってきます。 だからこそ、
自分に最も合った取引スタイルを見つけ出しましょう!

リスクを上手に減らせる取引方法ってあるの？

一瞬のチャンスを狙う スキャルピング

商品先物取引にはさまざまなトレードのスタイルがあります。例えば今日建てたポジションを明日に持ち越さない、異なる限月の買いと売りポジションを同時に持つ、価格のトレンドに沿ってポジションを建てるなどがそれです。**トレードのスタイルは、利益獲得のためのテクニックであると同時にリスクの低減に向けた戦術としても役立ちます。**

トレードのスタイルは着眼点によっていくつかに分類できます。そのひとつがポジションを持つ時間（建玉時間）です。

「スキャルピング」と呼ばれるスタイルでは、建玉時間はほんの一瞬から数秒という場合もあります（124ページ参照）。「頭の皮を剥ぐ」ことに由来するその名のとおり、ごく薄い利益を繰り返し稼ぐことで収益を重ねていきます。

商品先物取引では最小の値動きを「ティック」と呼びます。金標準取引の1ティックは1000円に相当しますが、手数料がそれ以下なら建玉した次の瞬間の値動きで利益を獲ることが可能です。ごく短期のトレンドを読みながら一瞬のチャンスを狙うのがコツで、相場が思惑とは逆に動いた場合でも、あらかじめ「何ティック動いたら損切りする」というルールを決めておけば、大きな損を被る可能性を低減できます。建玉時間の調整と損切りルールを守ることで取引に伴うリスクを上手に管理すると、収益機会は格段に向上します。

2つの商品の価格差を狙う サヤ取り戦略も有効

買いと売りのポジションを同時に持つのは「サヤ取り（スプレッド取引）」と呼ばれる戦略です（126ページ参照）。「サヤ」とは価格の開き（価格差）のこと。商品先物では期先限月と期近限月、ある商品と別の関連商品の間には理論的または経験的に適正とされる価格差がありま

スキャルピングとサヤ取りでリスク低減を！

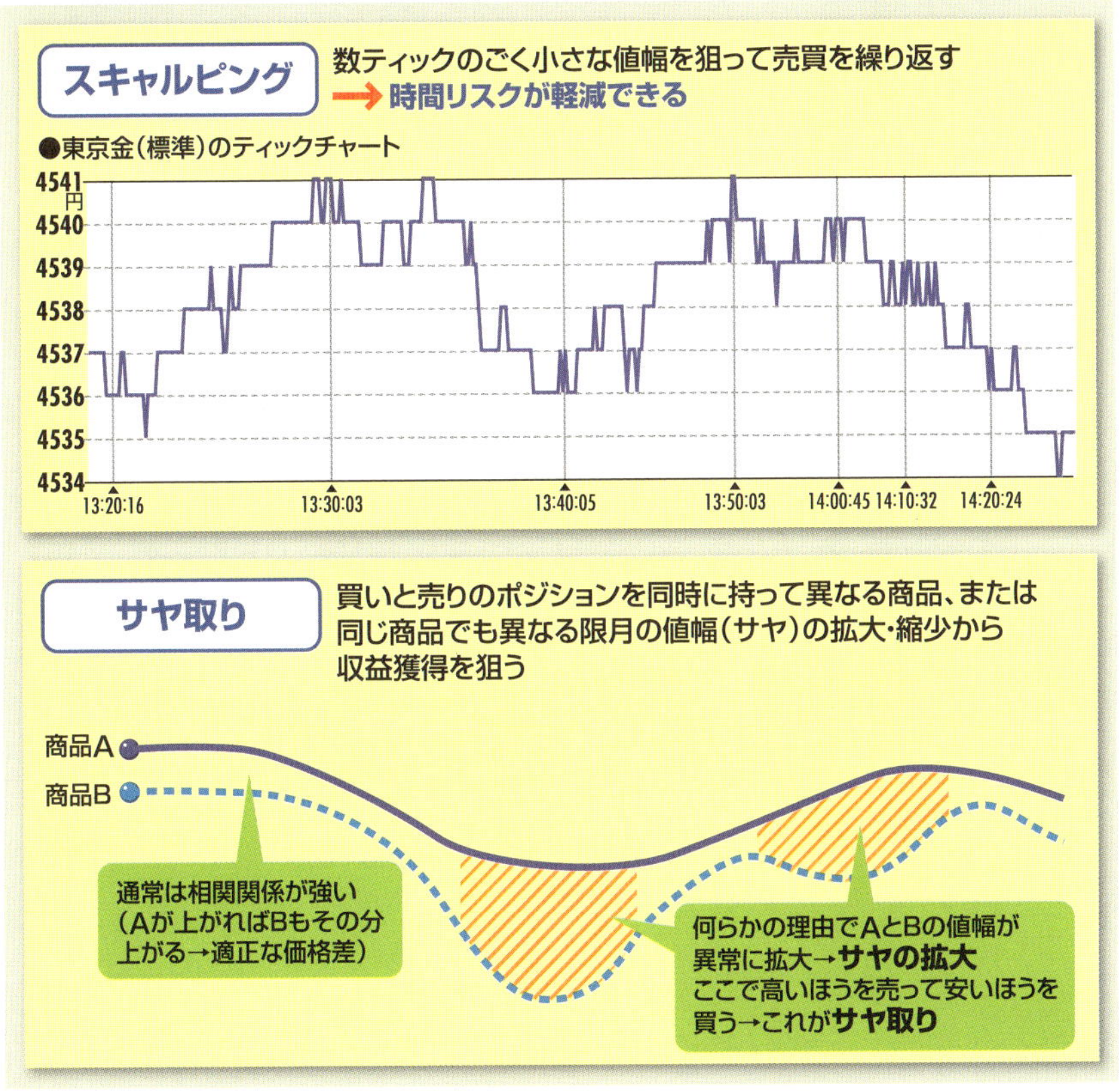

す。しかし、その適正な価格差も何かをきっかけに崩れる場合があり、サヤ取りでは、その崩れた価格差がいずれ適正な差に戻るだろうとの考えに基づいて利益の獲得を狙います。

相場のトレンドに乗るか逆らうかで選択も

トレンドに乗るか逆らうかという分類もあります。前者を「順張り（トレンドフォロー）」、後者を「逆張り（カウンタートレンド）」といいます。順張りは「ここまで上がったのだからまだ上がるだろう」、逆張りは「ここまで上がったからもう下がるだろう」という考え方です（130ページ参照）。

このように取引にはさまざまなスタイルがあります。いろいろと研究して自分に合ったスタイルを見つけ、それを極めるのもひとつの方法ですが、状況によって使い分ける投資家も少なくありません。

上手な投資家はどうやって投資リスクを減らしているの？

短い時間の取引では損切りポイントを保守的に設定

同じ枚数を取引するなら、建玉時間を短くすれば期待し得る最大収益は小さくなるものの、取引リスクを低減することが可能です。熟練のトレーダーがどのように時間を使いこなしているのかを見てみましょう。

「スキャルピング」はタイミングを読みながら取引を繰り返し、ごく小さな利益を積み重ねる戦略です。

この戦略を可能とする条件は手数料が安く、売買の発注とキャンセルが機動的にできること。つまりネット取引環境が不可欠です。

目安にするのは時間枠（タイムフレーム）のもっとも短い「ティックチャート」ですが、「1分足チャート」「5分足チャート」など異なる時間枠で価格の推移を読み、相場の方向感を確かめながら小刻みに収益を積み上げていきます。取引市場が活発であることも必要です。

「デイトレード（日計り商い）」は、その日の建玉をその日のうちに手仕舞い、翌日に持ち越さない取引戦略です。マーケットが休止中の時間帯に生じる価格変動リスクを回避することができます。建玉時間を限定するため、スキャルピング同様に最大利益は抑えられるものの、1日の価格変動幅が大きな商品を選べばそれなりの収益を狙うことも可能です。取引環境としてはやはり機動性に優れ、手数料が安いネット取引がお勧めです。

スキャルピングもデイトレードも、基本的には損切りのポイントを保守的に設定します。それにより大きな損失が発生する可能性を抑えられるため、比較的少ない投下資本で取引を楽しめるメリットがあります。

中長期投資では損切りや利益確定の注文方法が大切に

「スイングトレード」では数日間にわたってポジションを維持します。デイトレ

建玉する時間の長さで分類すると…

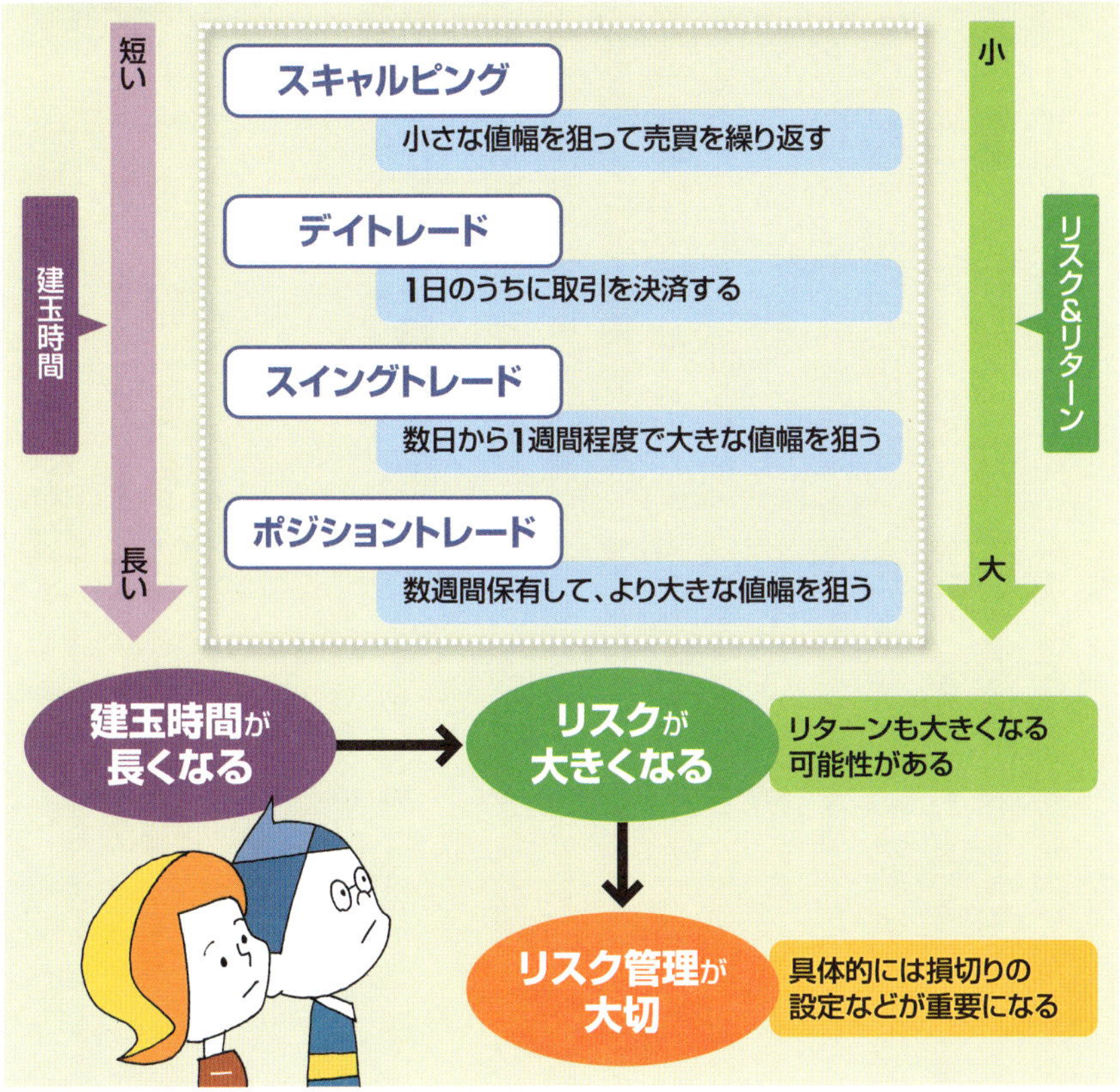
短い
長い
建玉時間
スキャルピング
小さな値幅を狙って売買を繰り返す
デイトレード
1日のうちに取引を決済する
スイングトレード
数日から1週間程度で大きな値幅を狙う
ポジショントレード
数週間保有して、より大きな値幅を狙う
小
大
リスク&リターン
建玉時間が長くなる
リスクが大きくなる
リターンも大きくなる可能性がある
リスク管理が大切
具体的には損切りの設定などが重要になる

ードよりも大きな利益を狙えますが、それゆえ相場が予想と逆に動いた場合に備えてリスク管理をしっかりする必要があります。

スイングトレードになると、コンピュータ画面の前に座りっ切りということはなくなります。テクニカルやファンダメンタルズ分析をもとに一定の方向感を描いて取引するイメージが強まりますが、ポジションを持つと同時に、利益確定のための指値注文と損失限定のための逆指値注文を発注しておくべきでしょう。

スイングトレードよりも長期にわたりポジションを持つのが「ポジショントレード」です。

より大きな絵を描いて、時に数週間あるいはそれ以上にもなるため、リスク管理はスイングトレード同様にしっかりする必要があります。サヤ取りを仕掛けると、結果としてポジショントレードとなることが少なくありません。

価格差の変化で利益の獲得を狙う「サヤ取り」のキホンを教えて！

一方を買い、他方を売ることで急騰や暴落のリスクを回避する

「サヤ取り（スプレッド取引）」は買いと売りのポジションを「ペア」で建玉し、価格差の拡大、または縮小を利用して利益を狙う取引戦略です。サヤ取りに有効なペアは価格の動きに関連性がある組み合わせに限られ、そうして建てたポジションは、多くの場合、一方の利益が他方の損を相殺するため、買いまたは売りのポジションを単独で持つことに比べて、相場の急落・急騰による大きなダメージを回避できる可能性が高まります。

サヤ取りで有効なのは、一般的には①同じ商品で異なる限月、②価格変動に関連性がある異なる商品の同じまたは近似の限月——の組み合わせです。

こうしたペアは価格変動要因が似通っているため、長期的な価格の上げ下げに類似性があり、価格差も一定程度の範囲内で収まると推察できます。ところが「何か」をきっかけに、それまで同方向で推移していた2つの価格の動きが崩れて、価格差が通常よりも狭まったり、拡大することがあります。しかし、そうした「異常」は一過性で、結局は正常に戻ると考え、割高な銘柄（限月または商品）を売って、割安な銘柄を買うのが基本となります。

逆ザヤから順ザヤへの戻りを狙う

左ページのグラフは、東京ゴム先物の当限と先限のサヤ（価格差）の推移です。毎月第1営業日の当限と先限の終値ベースで価格差を計算して比較しています。

このグラフからは先限価格が当限よりも高い順ザヤが多く、特に2011年8月以降はその傾向が強まっていることがわかります。そこで日々の価格差を眺めつつ、逆ザヤの幅がある程度大きくなったところで限月間のサヤ取りを仕掛け、順ザヤに戻ったら手仕舞いする戦略を立てます。

東京ゴムで異なる限月間のサヤ取りにトライ！

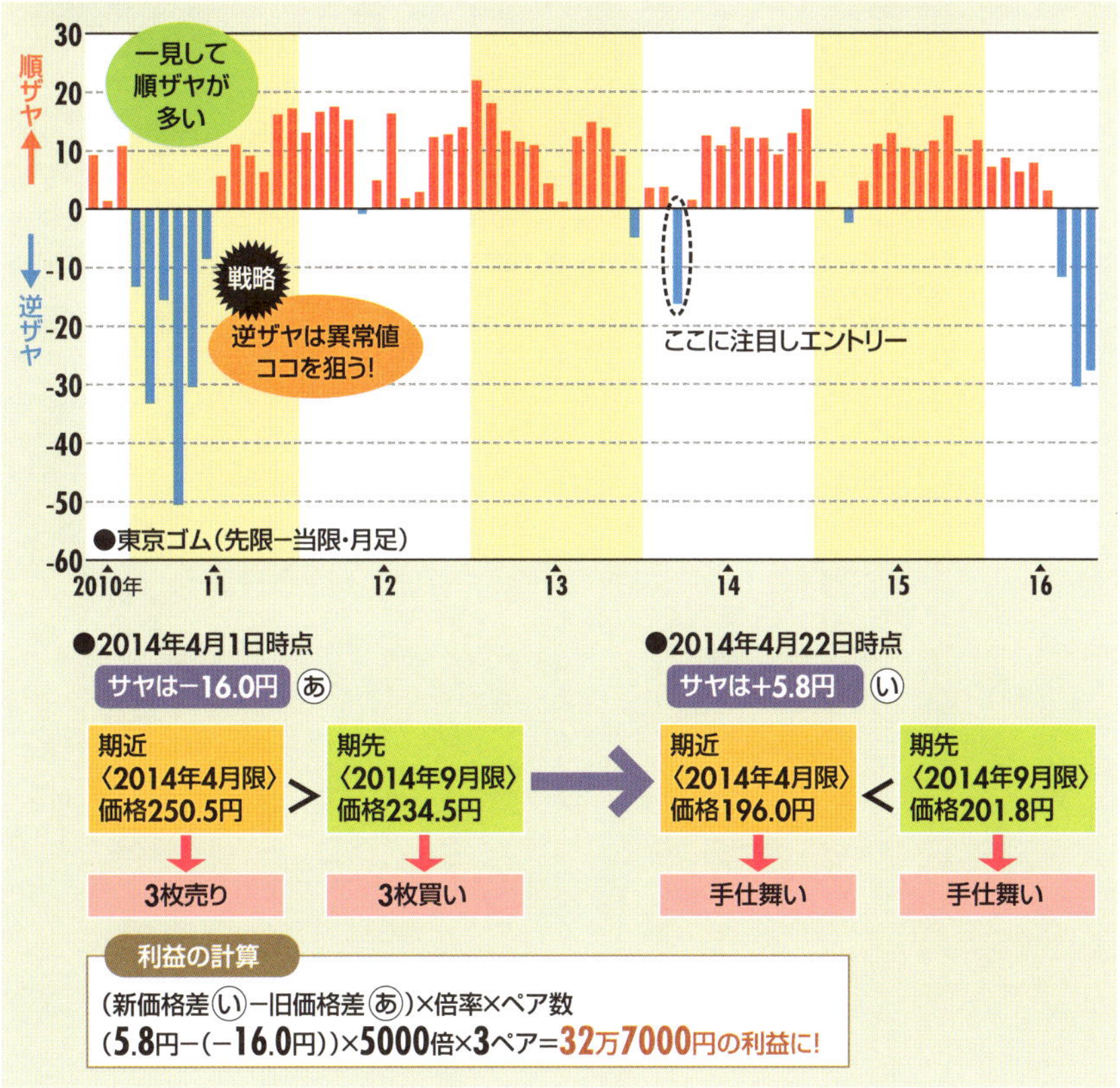

仮に14年4月1日の価格差マイナス16円を見て、割高な期近を250・5円で売り、割安な期先を234・5円で買ったとしましょう。実はこの後、当先の価格差はマイナス28・4円まで拡大していますが、それをピークに逆ザヤは縮小。4月22日に5・8円の順ザヤとなった時点で建玉を手仕舞いしました。この時の利益金は次のように計算できます。

利益＝（新価格差−旧価格差）×倍率×買いと売りのペア数

仮に3ペアを取引したら、32万7000円の利益となっていたはずです。

先物価格が順ザヤになるのは、期先になればなるほどその商品の倉庫料（保管料）や保険料がかかるためです。この例では逆ザヤから順ザヤへの逆転を利益としましたが、目先の需給がひっ迫している場合は、むしろ逆ザヤは拡大します。サヤ取りを仕掛ける場合にはファンダメンタルズにも注意する必要があります。

異なる商品間でもできる！サヤ取りの方法とは？

価格変動に高い相関性がある金と白金のペアを取引する

異なる商品間のサヤ取りには、同じ貴金属の金と白金、同じ農産物のトウモロコシと大豆、原料と製品の関係にある原油とガソリンなどの組み合わせがあります。ここでは金と白金のペアで基本的な考え方を説明します。

金と白金はいずれも人類が古来より高い価値を認めてきた貴金属です。もちろん人工的に作り出すことはできません。宝飾品として好まれると同時に、その化学的特性から工業用に用いられる点も、また投資の対象であることも似ています。このため金と白金の価格変動には高い相関性があるといわれています。

下降から上昇、上昇から下降に変化するタイミングに注意をして見てみると、両者の連動性がうかがえます。

左ページの図は、白金価格から金価格（1グラムあたり）を引いて求めた差額を折れ線グラフにしたものです。

有史以来、人類が生産した金の総量15万5000トンに対して白金は5100トンと30分の1に過ぎません。このため、金に比べて希少性の高い白金が高値で取引される期間が長く続いてきました。同グラフは2006年から10年間を切り出していますが、過去30年間を振り返ってみると、金価格が白金を上回っているのはリーマンショック以降のわずかな期間だけなのです。

取引単位の違いを考慮 標準取引なら「白金2：金1」

逆転現象の背景には、世界的な景気の鈍化や通貨不安の増大などが見え隠れします。景気が上向けば自動車の販売台数が増え、排ガス浄化用触媒の白金需要が増大し（白金価格上昇圧力）、株式や不動産投資などと比較して金投資は魅力がそがれます（金価格下落圧力）。

しかしリーマンショックを経て、通貨不安の高まりや先進各国の金融緩和政策、

価格差が広がった時がチャンス!

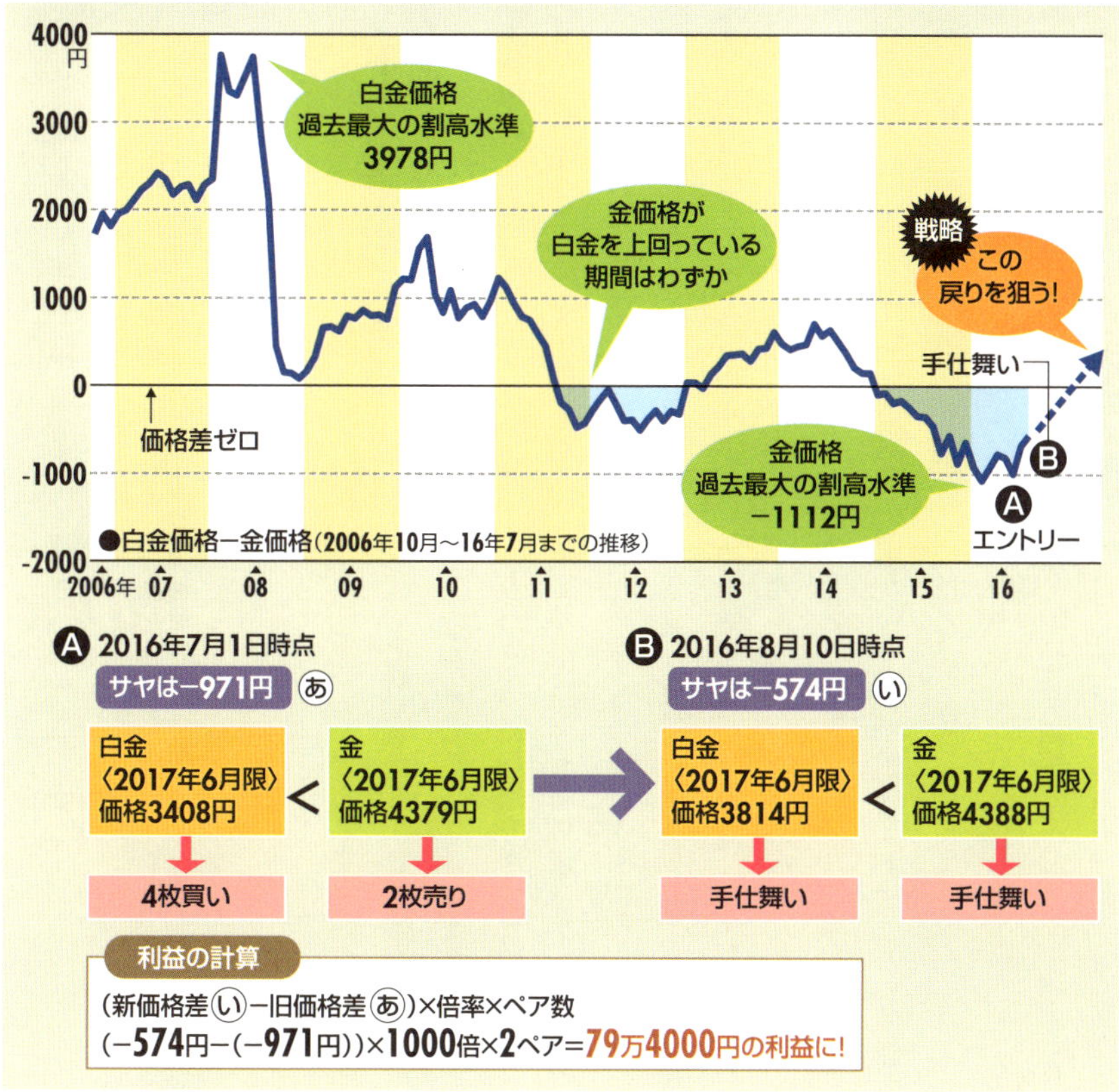

テロなど地域紛争の多発などが金の投資人気を呼び、白金と金の価格差は縮小、そして逆転に至ったと考えるのは不合理ではありません。

16年7月時点では、金価格の上昇で価格差はマイナス状態ですが、過去の例から推測して価格差は縮小に向かうと予想し、割安な白金を買い、割高な金を売ることで利益を狙う戦略を立てました。

ただし取引単位が異なるため、白金と金（いずれも標準取引の場合）がそれぞれ1000グラムとなるよう「白金2：金1」を1ペアとして組み合わせます。

金と白金のサヤ取りはミニ取引でも可能です。ただしミニ取引は白金も金も取引単位は100グラムで同じですから、その場合は「白金1：金1」でペアを構成します。

トレンドに乗るか トレンドに逆らうかは大問題

トレンドと上手につき合う2つの手法とは？

商品先物取引で利益をあげるためにはトレンドと上手につき合っていかなければなりません。それにはトレンドに従うだけでなく、時には逆らってみることも必要です。前者は「**トレンドフォロー**（順張り）」、後者は「**カウンタートレンド**（逆張り）」と呼ばれる手法です。

トレンドフォローは「これだけ価格が上がった（下がった）からまだ上がる（下がる）だろう」と考え「買い（売り）」ポジションを持つスタイルのこと。一方のカウンタートレンドは「ここまで上がった（下がった）らさすがにもう相場の流れが逆転するだろう」と考え、「売り（買い）」ポジションをとるスタイルです。

左ページの図は２０１５年７月から16年７月末にかけての東京ゴム先物期先の日足チャートです。１年の間に下降トレンド、保ち合い①、上昇トレンド、下降トレンド、保ち合い②――と価格の流れを変えながら相場を刻んでいます。

トレンド発生中はそれに従って利益を狙うのですが、明確なトレンドがない期間はどうしたらいいでしょうか。

「保ち合い①」に注目してください。全体を眺めると相場は、およそ上限１８０円、下限１４６円の中で横ばいに推移しています。しかしその値動きを子細に見ると、いくつかのブロックができていることがわかります。

Ⓐは１６３円で始まり１８０円に達して下落。再度１６３円で上向きに反発して、再び１８０円のやや下の１７５円から反落しています。Ⓑ、Ⓒ、Ⓓのブロックも値位置は異なりますが同様で、これが保ち合い相場にありがちな動きです。

こうした中で、上限に達したら売り、下限に達したら買うのが逆張り戦略です。

カギを握る価格は未来にも生き続ける

次にブロックⒶの下限に注目します。

トレンドフォローとカウンタートレンド

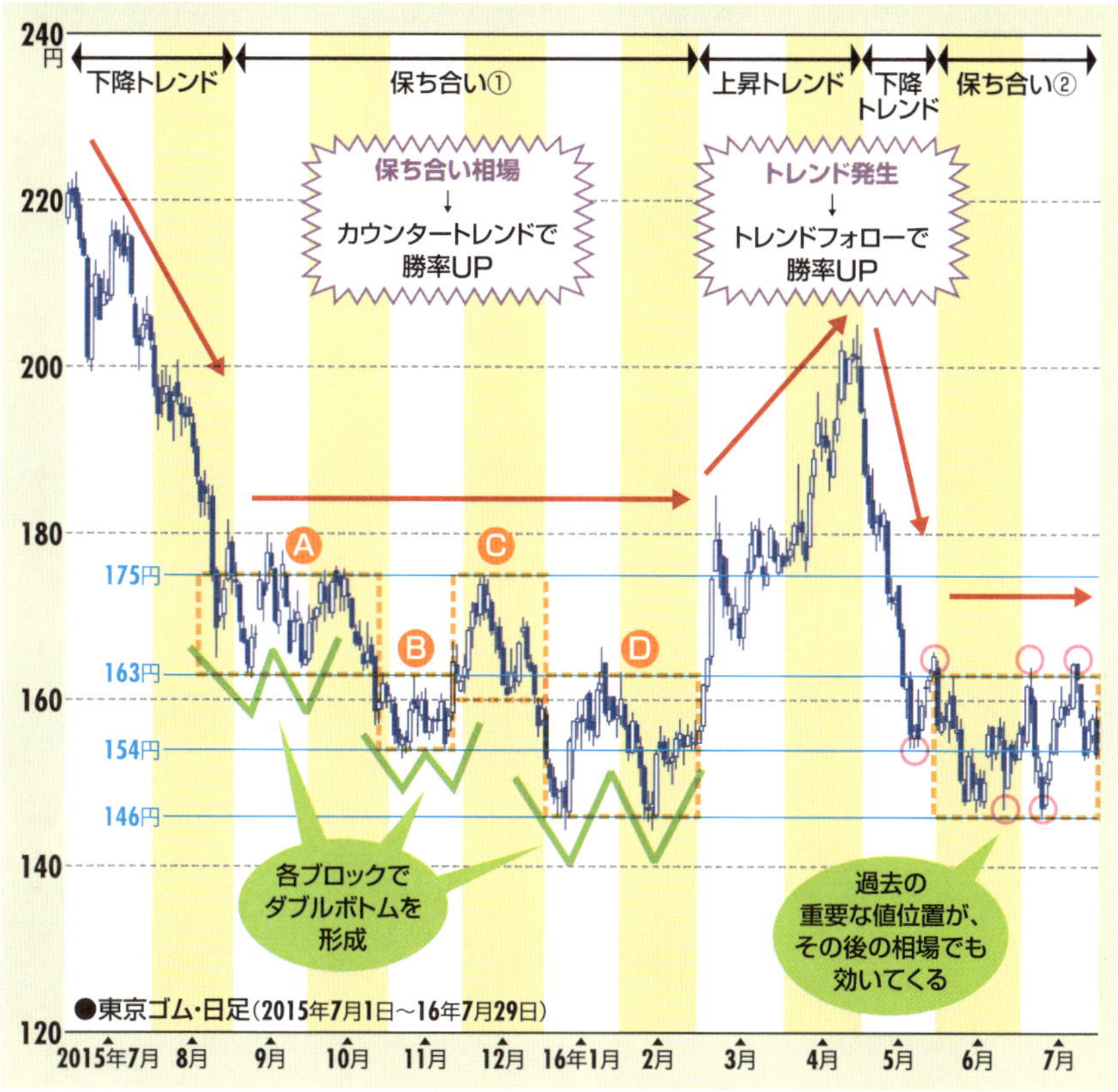

9月初旬と下旬に2回、163円をつけてダブルボトム（100ページ参照）を完成してから反発しています。本来ならこの163円は支持線として機能するはずですが、10月下旬、3度目の下値挑戦でその支持線があっさりと破られました。ブロックⒶの終焉です。この状況で価格は新たな下値を模索することとなります。

同時に、いま破られた163円のラインは抵抗線に変わります。しかしそこからの下落はわずかでした。154円で反発し、ここでもダブルボトムを形成しますが、12月に入ると163円を突破して新たな値位置を探る展開に入ります。

このように各ブロックで上限・下限をつけた価格はその後の相場でも転換点になります。理由は、市場で売買に参加する多くのトレーダーが過去の相場の転換点を記憶しているから。直前の高値・安値、ダブルトップ・ダブルボトムをつけた価格は特に気をつけたいところです。

万一に備えての〝保険ツール〟スマートCXを活用しよう

当初の証拠金以上には損しない先物取引

商品先物に限らずFXでも株でも、相場が予想と異なる方向に動いた時の対策は不可欠。そのためには、**建玉と同時に損切りのための「ロスカット注文（仕切注文）」を発注する必要があります。**計算上の損があらかじめ決めた限度額に達したら潔く手仕舞いする。それを可能にするのがロスカット注文です。

しかし頼みの綱のロスカット注文も状況次第では機能しない場合があります。急騰、急落でマーケットが買いまたは売り注文一色になった時は取引が成立せず、気配値がロスカット注文の指値を突き抜けて損を拡大させてしまいます。東日本大震災直後の一部の金融市場は、まさにそうした異常事態を経験したのです。

それに対して、どのような状況でも投資家と商品先物会社が事前に合意した価格で取引の成立を約束するのが**「スマートCX」**です。

あらかじめ取引会社と〝最終防衛ライン〟を決めておく

左ページの図では金先物取引でスマートCXの運用例を紹介しています。

投資家は買い注文に先立ち**「ロスカット水準」**と**「ロスカット限度水準」**の価格および証拠金額について、商品先物会社と合意を交わします。**ロスカット水準は損切り取引をする指値価格、ロスカット限度水準はそれ以上に損を拡大させないための、いわば最終防衛ラインです。**

例では、現在の価格水準が4500円の時にロスカット水準を4400円、ロスカット限度水準を4000円に設定しています。この条件で投資家が金（標準）先物1枚の取引をするのに必要な証拠金の額は50万円〈（4500円−4000円）×1000倍〉です。ロスカット限度水準をロスカット注文の指値とみなして計算するため、通常の取引に比べると、証拠金の額はずいぶん高く感じられるこ

守りはガッチリ！　利益はしっかり！

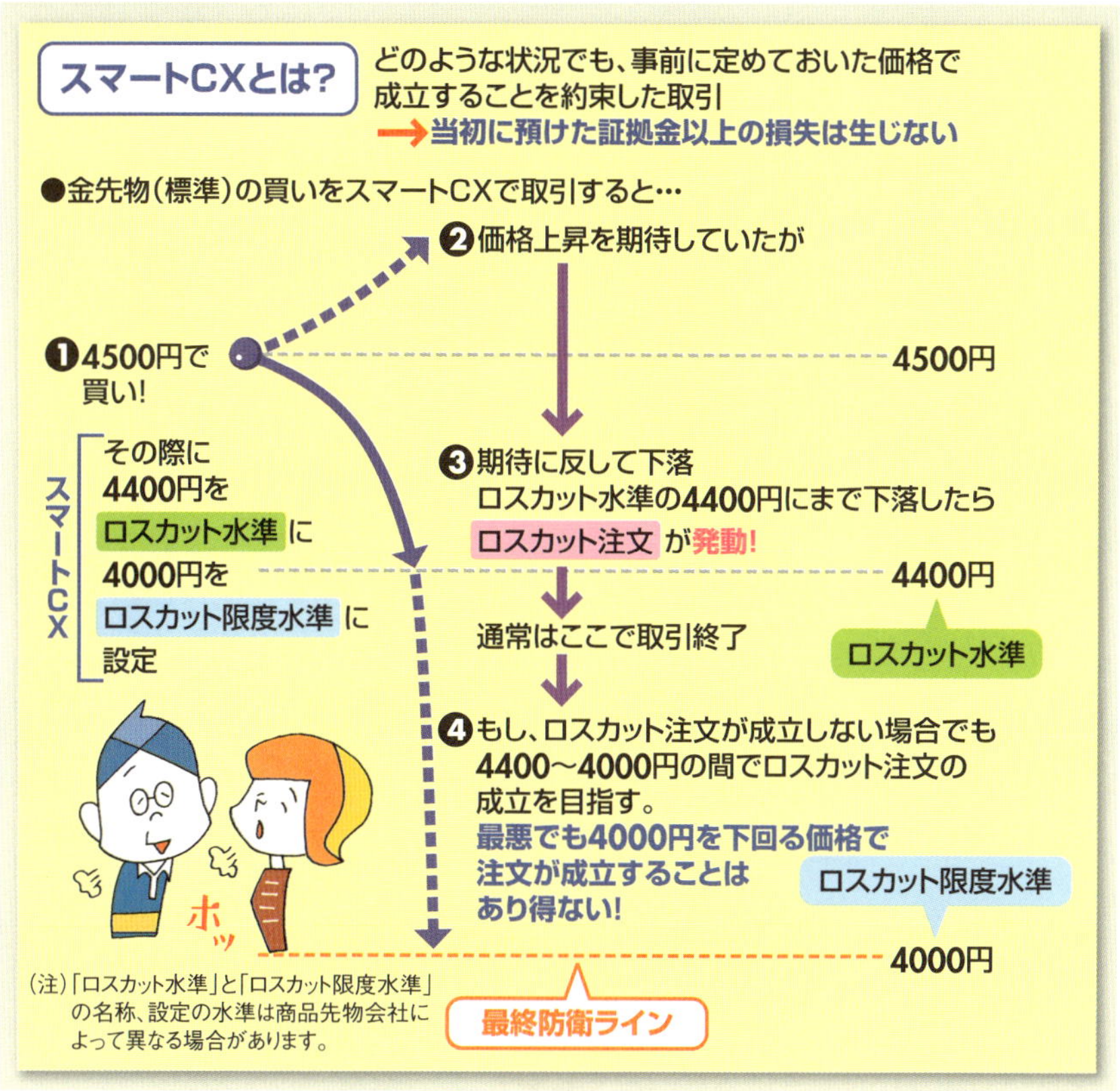

とでしょう。

では値上がりの予想に反して相場が4400円のロスカット水準に達したらどうなるでしょう。通常ならそこでロスカット注文が発動して取引は終了。その時の損失は10万円〈（4500円－4400円）×1000倍〉です。預けた証拠金と損金の差額40万円は投資家に返還されます。

しかし、何らかの理由で4400円で取引が成立しなかったら……。その場合にはなるべく4400円に近い価格で損切り取引の成立を目指します。取引が成立して損が確定したら、50万円から損金を引いた額が返還されます。

それでも注文が成立しないのは、まさに異常事態です。しかしその万一に備えるのがスマートCXの目的。最終防衛ラインの4000円に達した場合には、当初の約束通りに商品先物会社が責任を持って取引を終了することとなります。

Column

商品先物取引

トリビア 5

さて、トウモロコシは英語で何というでしょうか？

トウモロコシを意味する英語を問われれば、きっと多くの人が「コーン」と答えることでしょう。

実際、世界にトウモロコシの指標価格を提供しているシカゴ・ボード・オブ・トレード（CBOT）でもトウモロコシ先物は「コーン・フューチャーズ」です。

しかし世界のより多くの地域では、「メイズ」という日本ではあまりなじみのない単語が使われています。

もともと「コーン」は穀物一般を指す言葉として使われてきました。現在「トウモロコシ」が「コーン」とイコールなのは米国、カナダ、オーストラリア、ニュージーランドなど一部の地域だけ。英国を含むその他の地域では、トウモロコシ以外の意味を持たない「メイズ」が普通です。

学術関係団体や国際機関も同じです。

たとえば国際連合食糧農業機関（FAO）もそのひとつです。街を行く人々にとっては「コーン」が一般的なオーストラリアでも、連邦科学産業研究機構（CSIRO）はやはり「メイズ」で通しています。

Part 7

商品先物会社の
ベテラン・アドバイザーに聞きました

「商品先物」コレさえ知れば超ハイリターンも夢じゃない!

実際に儲けている投資家はどんなトレードをしているの?
そこで、数多くの投資家と接してきた商品先物会社の
スゴ腕アドバイザー3名をお招きしての座談会を開催。
ズバッと本音で語ってもらいました。

Q 商品先物取引ってムツかしいの？

生活に密着した市場だから身近で関心を持ちやすい

ＺＡｉ　商品先物会社で活躍されている3名のみなさんに集まっていただきました。今日は読者のために、ぜひホンネで。最初に経歴を簡単に教えてください。

Ｏさん　商品先物業界歴26年目になりました。現在はインターネット取引担当です。過去には対面アドバイザーだけでなく、ＦＸや証券を担当した時期もあり、今日はいろんな角度からお話しできれば。

Ｋさん　以前は理系の研究職を務めていましたが、30歳になり「これから伸びそうなのは商品先物」と転職しました。14年目になりますね。今はＦＸと商品先物

取引、両方を担当しています。

Gさん　私は卒業後、すぐに入社し地方支店から始まり名古屋、大阪、東京と全国をまわってきました。21年目です。

「なんでガソリンが高いの？ そんな疑問から始めた主婦も！」

ZAi　「商品先物は難しい」と思っている人が多いようです。ズバリ、商品先物取引の楽しさってなんですか？

Kさん　投資家さんの中には「なんでこんなにガソリンが高いの？」と、そんな疑問をキッカケに始めた主婦の方もいます。株よりも為替よりも、いちばん生活に密着しているのが商品相場。身近であることが魅力のひとつだと思います。

Oさん　クルマを持っていると「最近、ニューヨークで原油価格が上がっているから、今のうちに満タンにしておこう」なんて考えたりしますよね（笑）。コメやトウモロコシ、ガソリンに灯油――商品市場で取引されているのはどれも生活に密着したものだから難しくないし、関心を持ってもらいやすいんです。

「しょせんモノの値段 買いたい人と売りたい人の需給で決まる」

Gさん　でも、いちばんの魅力は「小さな資金で大きく儲かる」可能性があることじゃないですか。私は将来、仕事をリタイアしたら何をやるかって聞かれたら、商品先物取引をやると答えますね。他の金融商品より儲けやすいと思うから。商品相場は難しいと思われがちですが、しょせんモノの値段。買いたい人と売りたい人の需給関係で値段が決まります。自分の分析が的中して儲かった時の達成感は、大きいですよ。ぜひ挑戦してほしいです。

A

「私がリタイアしたら商品先物取引をやります。だって、稼ぎやすいし少額で大きく儲かるチャンスもある！」

Q 商品先物取引ってどんな人がやってるの？

老若男女、幅広い年代層がネットや対面で取引している

ZAi　実際に取引しているのって、どんな人なんですか？

Kさん　幅広いですよ。私より上の年代の方もいるし、下の年代の人も多い。20代、30代の投資家さんだと、FXをやっていて原油や金が気になり、「じゃあやってみよう」と始める人が目立ちます。4割くらいの投資家さんがFXを同時に取引している印象ですね。

「取引は電車の中でもトイレでも！スマホ経由も増加」

Oさん　ネット取引でもそれは同じで、男性も女性もいるし幅広い。ただ、商品先物取引だけの投資家さんはだいぶ減っていますよね。

Gさん　うちでも最近目立つのは、FXや株を通して金に興味を持つパターン。

Oさん　そのほうが有利ですしね。米国株や米ドル／円と金が反対方向に動く傾向があったりしますから。

Kさん　チャートの読み方を知っていることも強みになる。

Oさん　あらかじめ株やFXの経験があれば、商品先物取引は違和感なく、すんなり入れるはずです。取引ツールも同じような操作感で使えますしね。

ZAi　最近はスマートフォンで取引する人も増えているんじゃないですか？

Oさん　だいたい2、3割くらいがスマホからの注文です。スマホがあればいつでもどこでも取引できますからね。電車の中で、あるいはカラオケやお酒を飲み

A

「FXや株を入り口に商品先物取引を始める人が増えている！」

ながら、はたまたトイレでも（笑）。

「取引がなくともアドバイザーとは連絡をとり合う仲！」

Gさん　ネット取引は手数料が安いですよね。ネット取引が広まった時、対面からネットへ移行した人がいました。ただ、「対面アドバイザーの話を聞きたいから、やっぱり対面で」と戻ってくる人もいます。

Kさん　投資家さんとの付き合いは深くなりますよね。入社以来、ずっと取引してくれている投資家さんもいます。

Gさん　投資家さんとの関係は自然と深くなりますね。私は転勤が多かったのですが、取引はなくなっても電話で連絡をとり合う投資家さんがいます。無料で情報だけ提供しているようなものですけれども（笑）。

Q

取引の手がかりはどこで得られるの？

商品先物会社のニュースやレポートを参考にしよう

ZAi　商品先物の値動きはさまざまな要因が絡みます。何を取引の手がかりにすればいいですか？

Oさん　会社のホームページでニュースやレポートを随時更新しているので、それを参考にしてほしいですね。

Kさん　対面取引のお客様もホームページから情報が見られるし、私たちがメールやファックス、電話などで投資家さんに必要な情報を伝えることもします。

Gさん　昔と違ってインターネットで簡単に情報が拾えますが、「何が旬の材料なのか」を判断するのは難しい。専門家の意見が聞きたい、という時は対面アドバイザーを頼ってください。

「難しいのは、どれを拾うかよりどれを捨てるか」

Kさん　情報の分析で難しいのはどれを「拾うか」よりも、どれを「捨てる」か。情報が多すぎる時代ですから、取捨選択が必要です。対面のよさは「今週はこんなイベントがあるので、この戦略で行きましょう！」と提案できること。情報の分析や戦略立案をお手伝いします。

Oさん　そこがネット取引と対面取引の違いですよね。たとえば、材料を自分でそろえて調理するのがネット、調理された料理の食べ方を工夫するのが対面取引のような感じがします。

Kさん　自分で料理する時間のない人、仕事が忙しく時間的な制約のある人ほど対面を使う傾向はありますね。

「為替相場との関係性も深いただ、変わることも」

Oさん　他の金融市場の値動きも参考になりますね。米ドル／円と米ドル建ての金は、反対方向に動く逆相関の関係性が強い。毎月第1金曜日に発表される米国の雇用統計でもよく動きます。

Gさん　トウモロコシや大豆など農産物は南米でも多く生産されているため、ブラジルレアルと農産物は連動しやすい。

Kさん　以前なら南アフリカランドと金やプラチナ（白金）が連動しやすい傾向にありました。プラチナはユーロとの連動性もありますね。フォルクスワーゲンの排ガス不正が明らかになった時はユーロとともに、プラチナが一緒に売られました。ただ、こうした相関性は時期によって変わる。注意が必要です。

A

「専門家の分析で〝旬の材料〟や他市場との連動をピックアップ」

Q

失敗したくない！安心して取引するコツは？

初心者は対面取引でリスク管理の基礎を学ぶ

Kさん　これから始める人は不安もあると思います。オススメするのは、「最初は対面取引で始める」ということ。自動車免許の教習所でも隣に先生がつきますよね。安全運転の方法をしっかり学んでから、ひとりで運転する。それと同じで、リスク管理の基礎をしっかり固めるという意味で、最初は対面で手取り足取り教えてもらうのがいいかなと。

Oさん　それが対面のよさですね。一方、ネット取引では安い手数料で取引できるメリットがあります。対面とネット、どちらがいいかと迷ったら、２つの口座を

A 「損切りは絶対！自信がない人はアドバイザーに監督してもらう」

両方用意して始めるのもいいですね。

「損切りしない人ははっきり言って儲かりません」

Gさん　あとは損切り。損切りしない人は、ハッキリ言って儲かりません。意外かもしれませんが、儲かっている投資家さんは利益確定よりも損切りの回数が多いし、プロのディーラーや大物の相場師と呼ばれるような人も損切りが多いものです。「商品先物取引は損切りするものだ」と最初に認識して欲しいですね。

Kさん　ところが自分ひとりでやっていると、なかなかリスク管理が難しいんですよね。「自分でやると、つい買いすぎちゃうから」と、対面取引を選ぶ投資家さんもいます。私たちも投資家さんに長く取引してほしいですから、稼いでもらうために「そろそろ損切りしましょう」とアドバイスすることがあります。

「金ミニやゴールド100なら2万円程度でOK」

Oさん　ネット取引では20円、30円と狭い利幅を狙ってデイトレードする投資家さんもいるのですが、そうした人を見ていると、自分できちんとリスク管理していますね。

ZAi　商品先物取引を始める時、資金はどのくらいあればいいですか？

Oさん　最初は金ミニや東京ゴールドスポット100から始めるのもいいかもしれません。証拠金が小さいので2万円もあれば取引できます。

Gさん　商品相場の醍醐味を味わうなら値動きの大きいゴムや原油。これだと20万円くらいあればできますよ。

Q 大儲けしている人の共通点コッソリ教えて！

一度につぎ込まず何回かに分けて取引する

ＺＡｉ　では最後にいちばん気になる質問を。儲かっている人たちの共通点はありますか？

Ｏさん　ひとつ言えるのは、資金に余裕のある人です。単純に資産が多いということではありません。たとえば1000万円の資産があるとしたら、一度に全部つぎ込むのではなく、100万円ずつなどに分けて余裕を持って取引する。それをすることで勝率は上がると思います。

Ｋさん　繰り返しになりますが、やっぱりきちんと損切りができること。負けが大きくなるほど、損切りできなくなります。だから取引を始める前に「損がいくらになったら損切りする」とルールを決めて、損切りと同時に利益確定の指値も入れておく。そうやっている人は10年やろうが20年やろうがトータルでは勝っていると思います。

A 「資産に余裕を持って取引し自分のルールを決めたら、守る！」

「損切りと同時に、利益確定の指値も入れておく」

Oさん　大きな損失が発生してしまうと、元に戻すのはとても大変になりますから、リスクの芽を早めに、それも小さいうちに摘み取っておくことが大切なんです。

Gさん　あとは自分のやり方、ルールをしっかり確立されている人は強いですね。「1、2、3」と三段上げで上がったら買う、三段下げなら売っていく、それを繰り返しているだけなのに儲かっている投資家さんがいます。一貫して自分のルールを守っているんです。そんな人はアドバイザーに耳を貸さないこともありますが（笑）。

Oさん　「人の行く裏に道あり花の山」という格言もありますからね。10人中9人が売りだという時に、買いが正解だったということはよくあります。

「歴史的な高値・安値で恐れずに取引ができるか」

Kさん　「相場が歴史的な高値・安値をつけた時、勇気を持って動ける」ことも共通点かもしれません。たとえば2016年2月、WTI原油は12年ぶりの安値をつけました。その瞬間は売り材料のニュースばかりで、恐ろしくて買える人は少ない。でも、そこで怖がらずに買えると大きく勝てるんでしょうね。

Gさん　大物相場師といわれるような人は、仕掛けのタイミングは平凡でも、利が乗ってきたら、徹底的に伸ばす傾向も感じます。

ZAi　年がら年中トレードし続けるのではなく、チャンスをいかに味方につけるかということが大切なんですね。今日はどうもありがとうございました。

Column

商品先物取引

トリビア⑥

ハイテク産業のコメと呼ばれる白金は宇宙からやってきた!?

金属型の小惑星で白金長者を目指す?

白金は「ハイテク産業のコメ」と呼ばれるレアメタルの一種です。2014年の生産は南アフリカ共和国が世界の64%、ロシアが16%を占め、地球の限られた地域に偏在していることがわかります。

また白金はレアメタルの中でも特に希少で、南アやロシアの鉱床でも鉱石1トンあたりの含有率は1~5グラム程度に過ぎません。ところがその10倍以上もの含有量を持つのが、地球外からやってくる岩石、すなわち隕石です。

こうしたことから白金は、はるか昔に地球に衝突した隕石によってもたらされたとする説が有力です。

近年、はやぶさ探査機によって隕石の源は小惑星であることが明らかになりました。

このため「半径1キロ程度の金属型の小惑星を入手すれば、有史以来、人類が生産した白金の総量の2倍も一気に手に入る」と考える専門家もいます。問題は往復にかかるコスト。現在の100分の1以下に抑えない限り、経済的に割に合わないようです。

Part 8

金、白金(プラチナ)、ガソリン、大豆…

どんな「モノ」が取引できるの?

商品先物取引の基礎をマスターし、
その勝ちパターンを覚えて自分の取引スタイルも確立したら、
「あとは実践あるのみ!」と気がはやりがち。でも、焦りは禁物。
実際にどのような 「モノ」 をトレードでき、
それぞれにどういった特性があるのかを見てみましょう。

金（ゴールド）に世界中のマネーが流れ込んでいる！

世界経済の混迷が人を金に走らせる

金（ゴールド）は洋の東西、今昔を問わず、普遍的な価値を認められてきた数少ない物質です。投資の世界では、「ラストリゾート（最終避難地）」とか「有事の金」と称され、世界情勢の混迷時には、安全を求める資金が金に向かいます。

近年は米ドル、ユーロといったハードカレンシー（国際通貨）への不安、世界経済そのものへの不透明感の高まり、テロや地域紛争の頻発を背景に巨額の資金が金市場に流れ込んでいます。

株式は会社が、通貨は各国の中央銀行が発行しています。株式や通貨の価値は発行元である会社や国の信用によって保証されていますが、もともとはただの紙。状況次第では一片の紙に戻る可能性は否定できません。それは多くの金融商品も同じこと。しかし金が無価値になることはありません。発行体の信用リスクとは無縁の投資対象で、それゆえ金は「誰の負債でもない資産」と表現されるのです。

金需要は4000トン超 中国とインドで世界の5割

金の需要は①宝飾品、②投資、③中央銀行等による公的保有、④産業（テクノロジー）――に大別されます。世界の総需要は2000～07年までは3000トン程度でしたが、10年以降は年間およそ4000トンを上回る高水準で推移。それぞれの需要分野が占める割合は年によって変化しますが、15年は宝飾品が約6割、投資約2割、公的保有1割強、産業が1割弱という内訳でした。

ここ数十年、金価格の大きな流れを見ると、1980年から99年までの低迷期を経て、2000年から13年にかけて急騰。それ以降はピークより下げたものの依然として高い値位置を維持しています。

金価格を低迷させた大きな原因のひとつに、欧州の複数の国家および生産国の中央銀行の売却があります。同じ時期に

根強い人気に支えられて金価格は上昇を続ける

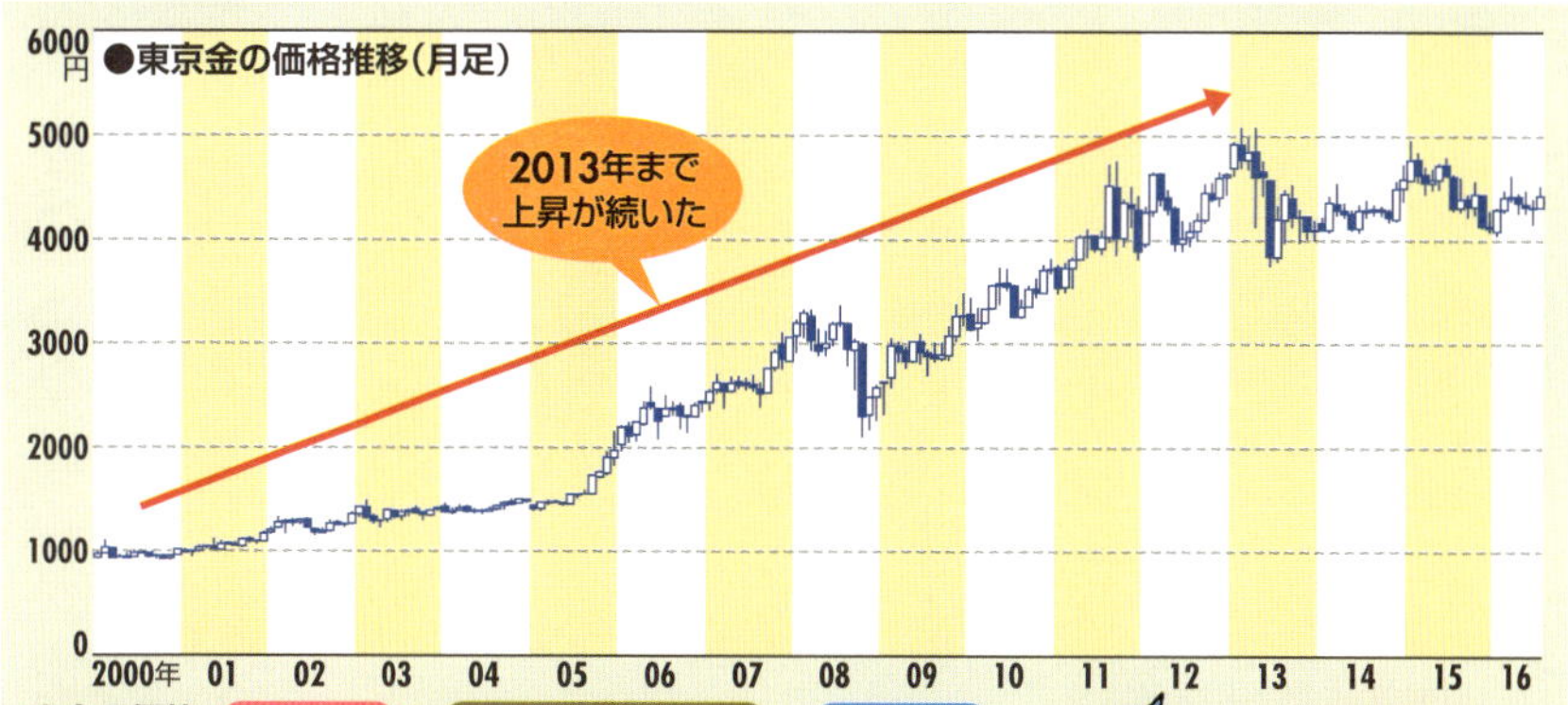

●金の価格変動要因

↑上昇	変動要因	下落↓
強まり	インフレ懸念	弱まり
円安	米ドル・円相場	円高
下落	ドル金利	上昇
購入	各国中央銀行等の保有	売却
増加	金ETF残高	減少
高まり	地政学的リスク	解消
流入	投機マネー	流出

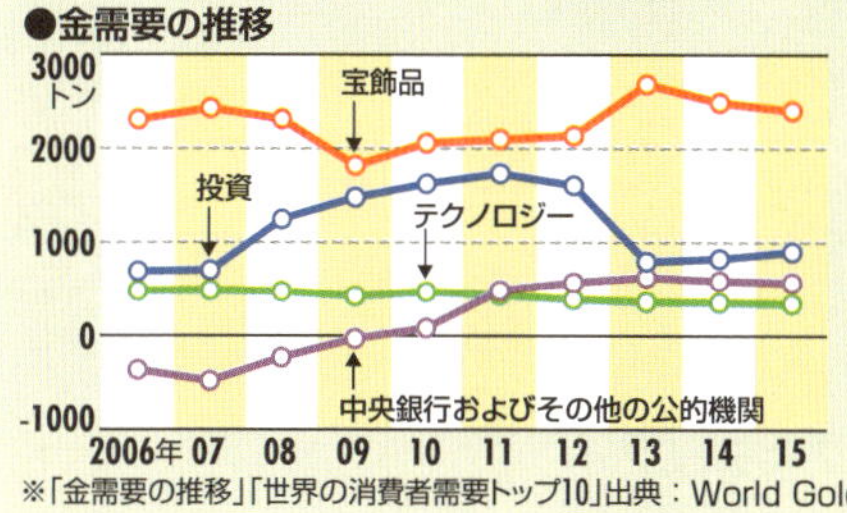

●世界の消費者需要トップ10（2015年）

順位	国名	消費者需要	世界シェア
1	中国	984.5トン	28.7%
2	インド	848.9トン	24.8%
3	米国	192.8トン	5.6%
4	ドイツ	123.8トン	3.6%
5	タイ	90.2トン	2.6%
6	サウジアラビア	84.5トン	2.5%
7	トルコ	72.1トン	2.1%
8	イラン	70.9トン	2.1%
9	ベトナム	63.4トン	1.9%
10	インドネシア	59.0トン	1.7%

※「金需要の推移」「世界の消費者需要トップ10」出典：World Gold Council「ゴールド・デマンド・トレンド2015」

鉱山会社のヘッジ売りも重なりました。

流れを変えたのは、新興工業国の勃興と米国の量的金融緩和によって生み出された潤沢な投資マネーでした。投資マネーは金市場にも、新興国のインフラや生産設備にも注がれ、豊かになった国民は宝飾品の購入を増やしました。

とりわけ中国とインドの金選好は顕著で、近年は2国の需要が全世界のおよそ5割を占めています。しかしなんらかの事情で金投資が下向くこともあります。例えばインドの15年第2四半期の需要は前年同期比マイナス23%の大減速。これは第1四半期に季節はずれの豪雨で農作物が被害を受け、主要な買い手である農村部の収入が落ち込んだためです。

東京商品取引所の金取引には、取引単位が1キロの**金標準取引**と100グラムの**金ミニ取引**、同じく100グラムで取引限月がない**東京ゴールドスポット100**、そして**金オプション取引**があります。

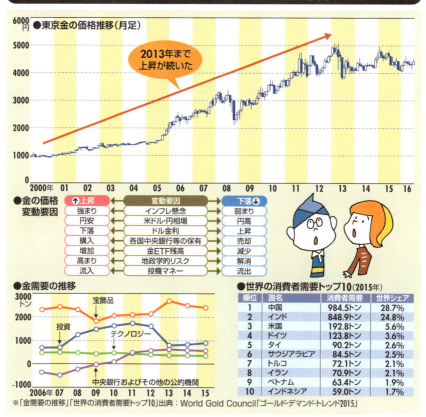

白金（プラチナ）の注目度は金をも超える？

宝飾品のイメージが強いが実際は工業用の需要が高い

白金（プラチナ）は金と同様に高い価値が認められています。しかし有史以来の生産量（推定）は金の15・5万トンに対して白金はわずか5100トン。白金は金以上に希少性の高い金属といえます。

プラチナといえば、日本人の多くはブライダルリングに代表される宝飾品をイメージすることでしょう。ところが白金の宝飾需要は全体の3分の1程度（2015年）で、6割以上は工業用なのです。

白金は非腐食性、耐酸・耐アルカリ性、高耐久性、融点の高さなどの優れた特性を備えているため、化学、電気、電子、ガラス製造などの分野で多く消費されています。また自分自身は変化せず他の物質を活性化する特質から自動車排ガス除去装置用の触媒としての需要が大きく、約4割がその目的で消費されています。

したがって、白金価格は自動車の生産動向に影響されることも少なくありません。

2大生産国が大半を供給価格変動に大きな影響も

2000年代に入り、新興国の工業化に牽引されて世界経済全体が成長軌道をたどると、資源需要が喚起され白金の価格は大きく押し上げられました。特に中国における自動車販売台数の増加は、政府による農村への自動車普及政策もあり、凄まじいまでの勢いで進みました。中国は2010年に米国を抜いて世界最大の自動車市場になっています。

世界の新車販売台数は15年まで6年連続で過去最高を更新していますが、この間の中国の伸び率はプラス27％、米国は同33％とその他の地域を圧倒。自動車生産・販売に関しては米中2大市場の動向をつねにウォッチする必要があります。

その一方で排ガス規制の拡大も注目されています。とりわけ新車登録台数の半数以上がディーゼルエンジンを積む欧州では、白金需要を増加させてきました。

白金（プラチナ）は工業用ニーズが大きい

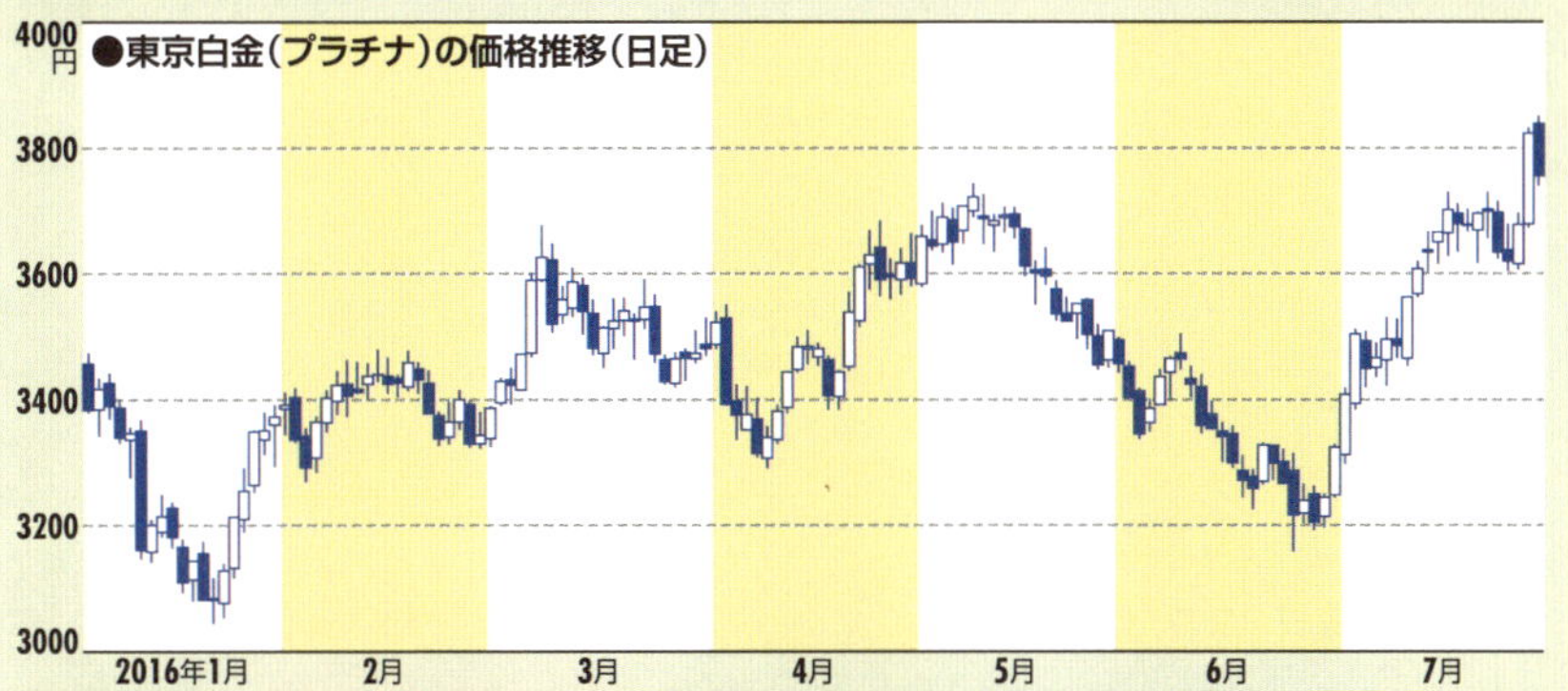

●白金の価格変動要因

↑上昇	変動要因	下落↓
円安	米ドル・円相場	円高
増加	自動車生産台数	減少
労使紛争	鉱山会社の動向	経営安定
生産・流通インフラが荒れる	南アフリカ	生産・流通インフラが整備される
増加	宝飾品需要	減少
増加	白金ETF残高	減少
流入	投機マネー	流出

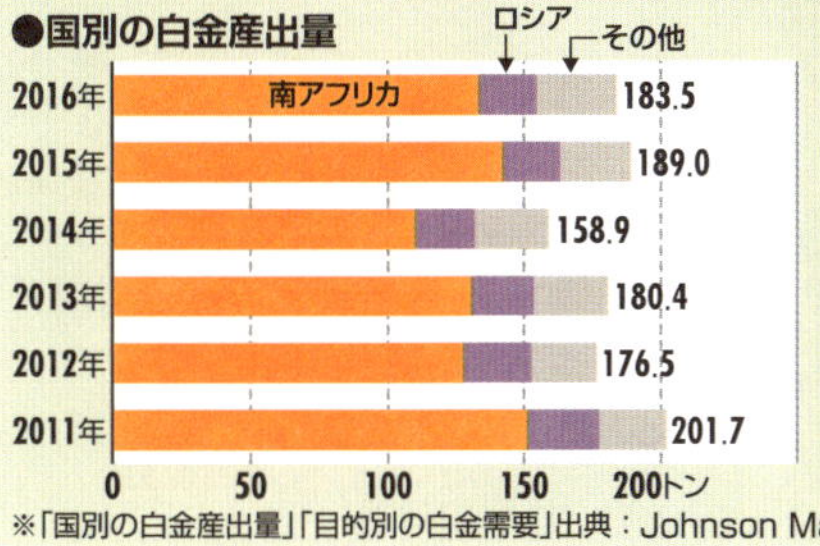

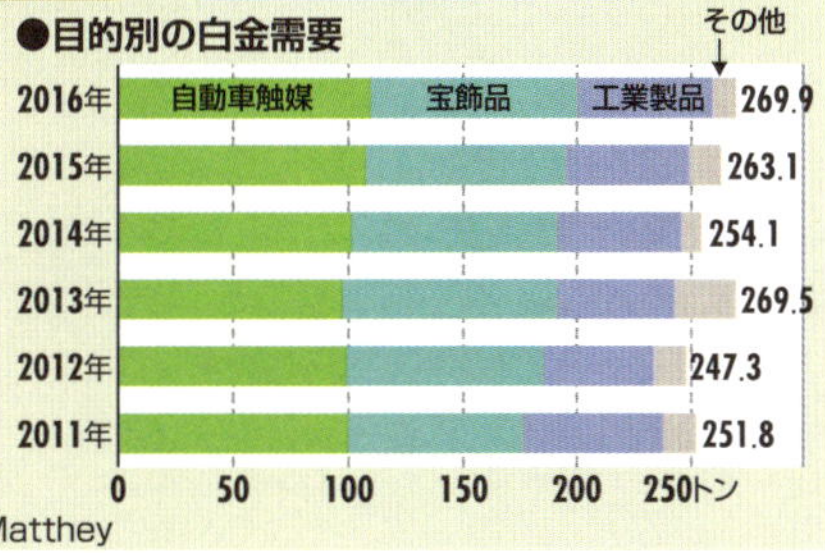

※「国別の白金産出量」「目的別の白金需要」出典：Johnson Matthey

また、大気汚染に頭を痛める中国は03年に初めて北京で欧州をモデルとした規制を導入。その後も規制基準を引き上げながら対象都市を広げています。ただし、自動車触媒としての白金使用率を下げる技術開発も進んでいるようです。

生産に関しては、年間供給量が金に比べて20分の1程度の白金は、需給関係の変化がダイナミックな価格変動につながる特徴があります。白金の供給は南アフリカが約7割、ロシアが約1割と2カ国で全世界の大部分を占めています。しかし生産コストの高騰などにより、南アでは06年に生産がピークを迎え、それ以降は減少傾向をたどっています。鉱山設備の老朽化に加え、作業員の待遇改善を求めるストライキが頻発する傾向もあり、供給を不安定にしています。

東京商品取引所の白金取引には、取引単位が500グラムの**白金標準取引**と、100グラムの**白金ミニ取引**があります。

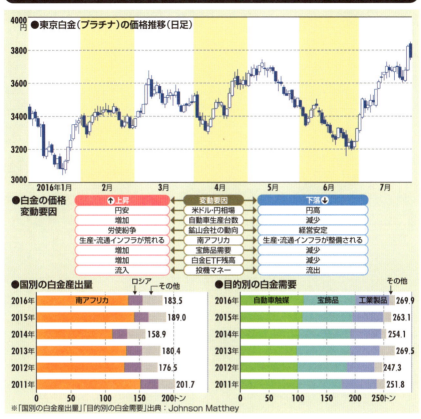

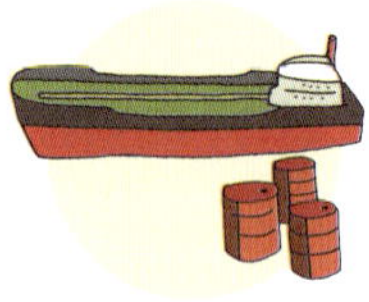

原油は世界情勢に敏感に反応する大型商品

国際政治情勢、為替、テロなどで価格が大変動

原油（石油）は私たちの身の回りにある、多くの製品の源です。ガソリン、灯油、プロパン、ナフサ、重油などの石油製品はもちろん、プラスチックや繊維、紙など工業品の生産にも原材料や燃料として使われています。このため原油価格の変動は日常生活にさまざまな影響を与えます。

原油価格を動かすのは産油国の生産動向、国際的な政治経済情勢、紛争、テロ、為替、投資マネーの流出入などさまざまです。原油価格は世界のあらゆる事象に敏感に反応します。

世界的には、原油は消費地に対応して北米、欧州、アジアの3市場が形成されています。東京商品取引所で取引されているのは、アジア市場の指標原油であるドバイ原油です。

そのドバイ原油価格は、2014年6月に中東情勢の緊迫化で一時上昇したものの、1~10月にかけてはおおむね1キロリットルあたり6万6000~6万7000円程度の狭い価格帯で推移していました。

しかし10月になって顕在化した欧州における景気後退、米国のシェールオイル増産による供給増、OPEC（石油輸出国機構）の協調減産合意の見送りなど複数の理由から下落を続け、15年1月には3万6000円の安値をつけます。

その後は円安とNY（ニューヨーク）原油の急伸を背景にいったんは5万円まで回復を見せたものの、7月を過ぎると上海株式市場の急落を端緒とした中国経済の減退懸念やギリシャ債務問題の再燃、円の急騰、NY原油安などを受けて前回安値を割り込む3万3000円台に突入。それでも下げの勢いは止まらず、16年1月には世界的な原油供給過剰感の台頭やいっそうの円高を嫌気して1万9000円をつけ、15カ月でおよそ3分の1まで下落する激しい値動きとなりました。

原油価格は大底を打ったのか!?

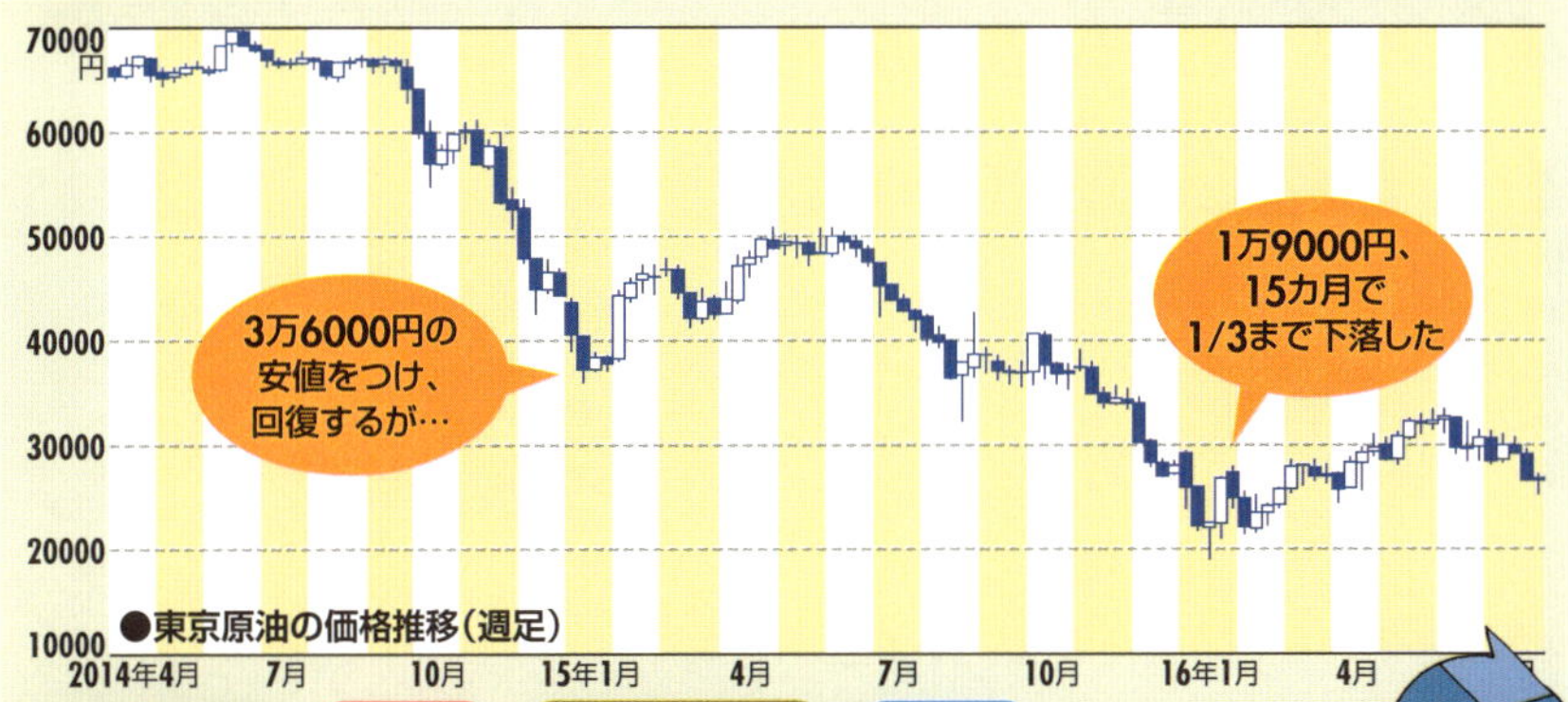

●原油の価格変動

上昇	変動要因	下落
円安	米ドル・円相場	円高
高まり	中東の地政学リスク	低下
増加	OPECの原油供給	減少
好転	世界経済	悪化
減少	米国の原油在庫	増加
流入	投機マネー	流出
増加	新興国の需要	減少

●1日当たりの原油の生産量の多い国ベスト10

順位	国名	生産量
1	米国	1270万
2	サウジアラビア	1201万
3	ロシア	1098万
4	カナダ	438万
5	中国	430万
6	イラク	403万
7	イラン	392万
8	アラブ首長国連邦	390万
9	クウェート	309万
10	ベネズエラ	262万

●1日当たりの原油の消費量の多い国ベスト10

順位	国名	消費量
1	米国	1939万
2	中国	1196万
3	インド	415万
4	日本	415万
5	サウジアラビア	389万
6	ブラジル	315万
7	ロシア	311万
8	韓国	257万
9	ドイツ	233万
10	カナダ	232万

※単位：バレル。 出典：BP Statistical Review of World Energy 2016

外国市場の価格にも目配りを忘れずに

日本で原油価格がニュースになる場合、引き合いに出されるのはNY原油の価格です。その理由は、世界の3市場で形成される原油先物価格の中でもシカゴ・マーカンタイル取引所（CME）グループのWTI原油先物価格の指標性が尊重されているためです。CMEはニューヨーク・マーカンタイル取引所を吸収合併した経緯があり、このため同市場の原油先物価格は「NY原油」と呼ばれます。

日本市場のドバイ原油先物価格は、事実上、CMEのWTI原油に連動して動くといわれています。ただしドバイ原油はかつて欧州市場の指標原油であるインターコンチネンタル取引所（ICE）のブレント原油先物価格を追いかけるように動いた時期もありました。外国市場の価格にも目を配っておく必要があります。

ガソリン・灯油は単独でもサヤ取りでも

ガソリン需要のピークは夏 レジャー用需要も要チェック

ガソリンと灯油はいずれも原油を精製して生産する石油製品です。このためガソリンと灯油の価格は原油価格に強く連動します。その原油価格の変動要因は152ページで紹介しました。ガソリン独自の価格変動要因として注目すべきは、自動車燃料としての需要の変化です。国内の景気が上向けば産業が活発化し、物流が増えて自動車・トラックの稼働率が上がりガソリン消費は増えます。当然、不景気はその逆の現象をもたらします。

またガソリン価格は、一般的には、レジャー需要が拡大する夏場に需要のピークを迎え、冬場にかけ後退するという季節性が指摘されます。

世界の動向も重要です。米国では2016年4月以降、ガソリン在庫が増加し、7月には10年来の高水準となりました。東海岸では貯蔵タンクが一杯になり、ガソリンを積んだタンカーが入港できず、フロリダやメキシコに向かうケースもあると報道されました。もちろんガソリン価格にとっては下押し圧力が働きます。

ガソリン在庫の積み上げは欧州も同じです。背景には中国による輸出急増があります。中国はガソリン生産を増やす一方で、国内の供給過剰緩和策として石油製品の輸出枠を2倍増にしました。このため16年7月のG20会合では「中国の過剰生産には構造改革が重要」との認識が示されました。

灯油価格は冬場に上がりやすい ガソリンとのサヤ取りも

灯油にも季節性がありますが、暖房用燃料としての消費が主であることから、需要のピークはガソリンとは逆に冬に迎えます。価格は冬に高く夏場にかけて下がるのが一般的です。

こうしたガソリンと灯油の季節性の違いに着目して一方の買いと他方の売りを同時に仕掛けるのがガソリン・灯油間の

ガソリンと灯油のサヤ取りにも注目！

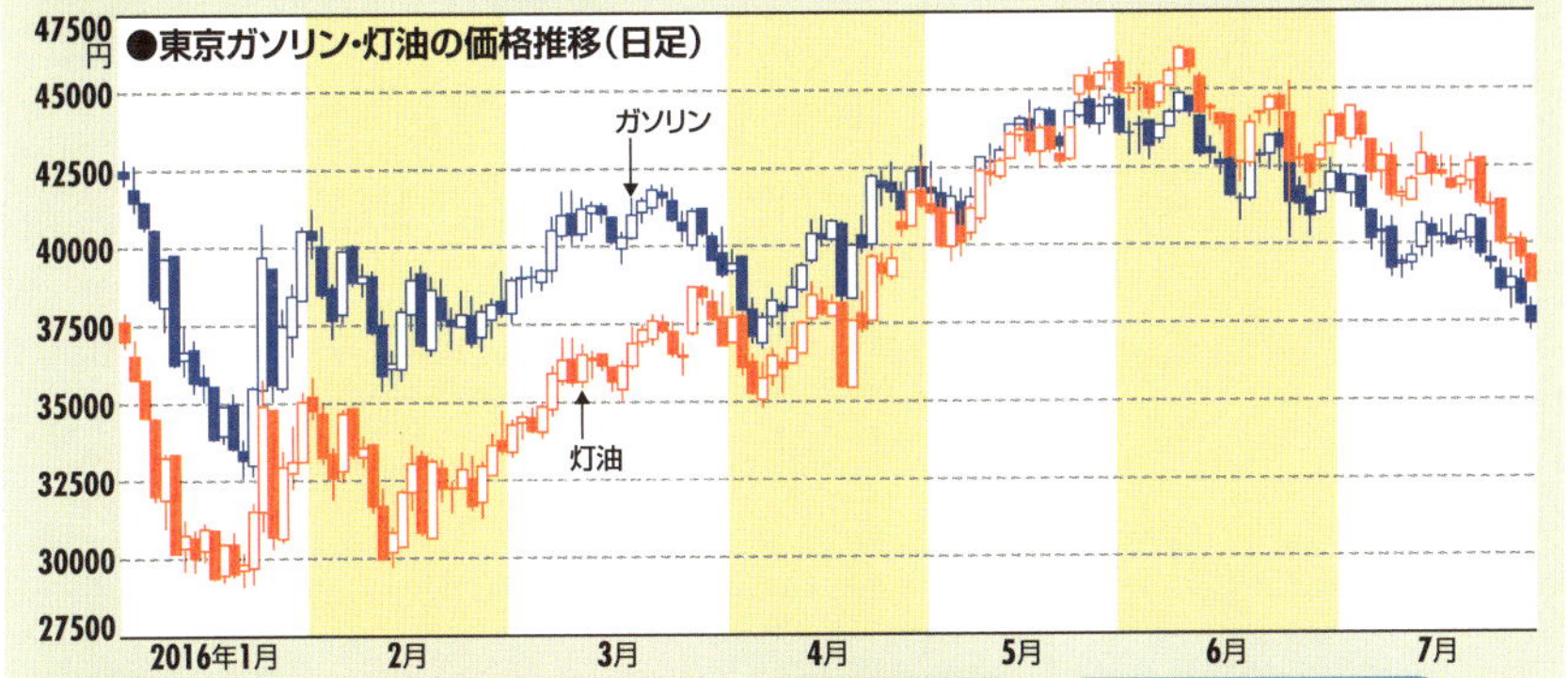

●ガソリン・灯油の価格変動要因

↑上昇	変動要因	下落↓
円安	米ドル・円相場	円高
上昇	輸入原油価格	下落
事故発生などで供給不安定	製油所	安定供給
上昇（ガソリン）	夏の気温	低下（ガソリン）
長期化	製油所の定期修理	短期化
減少	国内在庫	増加

●ガソリンと灯油の季節性を利用したサヤ取りのイメージ

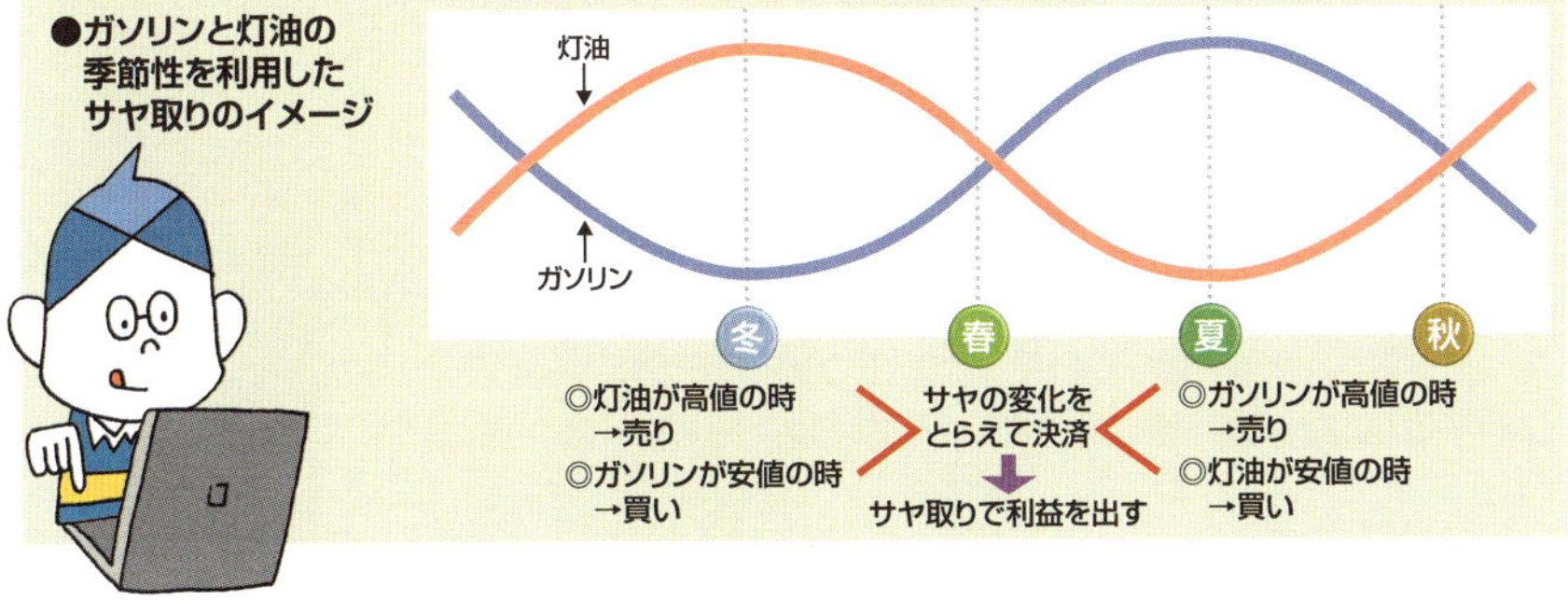

サヤ取りです。例えば灯油の需要期である冬を迎える前に、ガソリン価格と灯油価格の差がプラスで（ガソリンのほうが高い状態）、それが通年に比べ大きければ、価格差が縮小またはマイナスになるとの前提に立ち、ガソリンの売りと灯油の買いを同時に仕掛けます。

海外の原油市場に連動しやすい

米国石油協会（API）および米エネルギー情報局（EIA）が発表する週間在庫統計も、見逃せない指標です。

日本と米国ではガソリンと灯油の成分規格、税制などが異なるため、米国の指標がそのまま国内流通や在庫にあてはまるものではありません。しかし実態として、統計数値が事前予想とかい離した場合には、国内価格にも大きく影響を及ぼします。統計は毎週、米国時間の水曜日に発表されます。

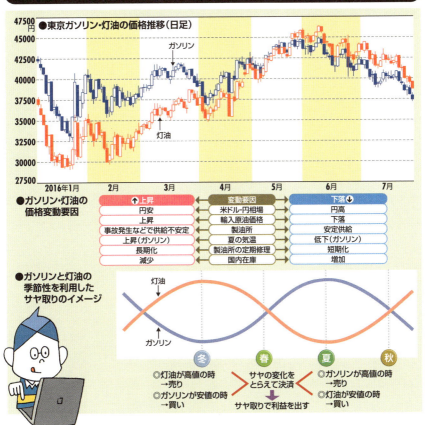

トウモロコシ価格は米国が主導《リード》する！

米国の主生産地の天候が相場を左右する

トウモロコシといえばポップコーンやコーンフレークなどの食品を想像しがちですが、日本でも世界でも、その用途は家畜の飼料が圧倒的。次いで多いのが工業用途で、私たちが口にするのはほんのわずかな量に過ぎません。

2015年度の世界のトウモロコシ生産量は9億5979万トン（USDA推計値＝16年7月、以下同）。うち米国は3億4549万トンで、36％のシェアを占めています。それに次ぐのが中国の2億2458万トンですが、中国はほぼ全量を国内消費に回しているため、世界の輸出市場に占める米国トウモロコシの割合はおよそ4割にも達しています。このため、世界のトウモロコシ価格には米国の生産動向が大きな影響を及ぼします。

その米国のトウモロコシ生産を左右するのはインディアナ、オハイオ、ミシガンといった主生産地の天候です。米国では遺伝子組み換え技術を応用して悪条件にも耐性があるハイブリッド品種で収量を増やしてきました。それでも自然の力にはかないません。生育段階での高温・干ばつ、長雨などは収量を激減させる力を秘めています。天候が相場を左右する、いわゆる「**天候相場**」のゆえんです。

トウモロコシは大豆と同じ畑で作っている！

米国ではトウモロコシと大豆を同じ畑で栽培します。つまり一方の作付面積が増えれば他方は減る関係で、その割合がどうなるかを知ることができれば、それぞれの収量の増減がわかるはずです。

ヒントは4月から6月にかけての天候です。トウモロコシの種をまくのは大豆の1カ月程度前。その時期に長雨や降霜といった天候不順に見舞われれば、農家はトウモロコシの作付けをあきらめて大豆に切り換えることもあります。

もうひとつは価格の関係です。単位面

米国と中国で生産の約6割を占める

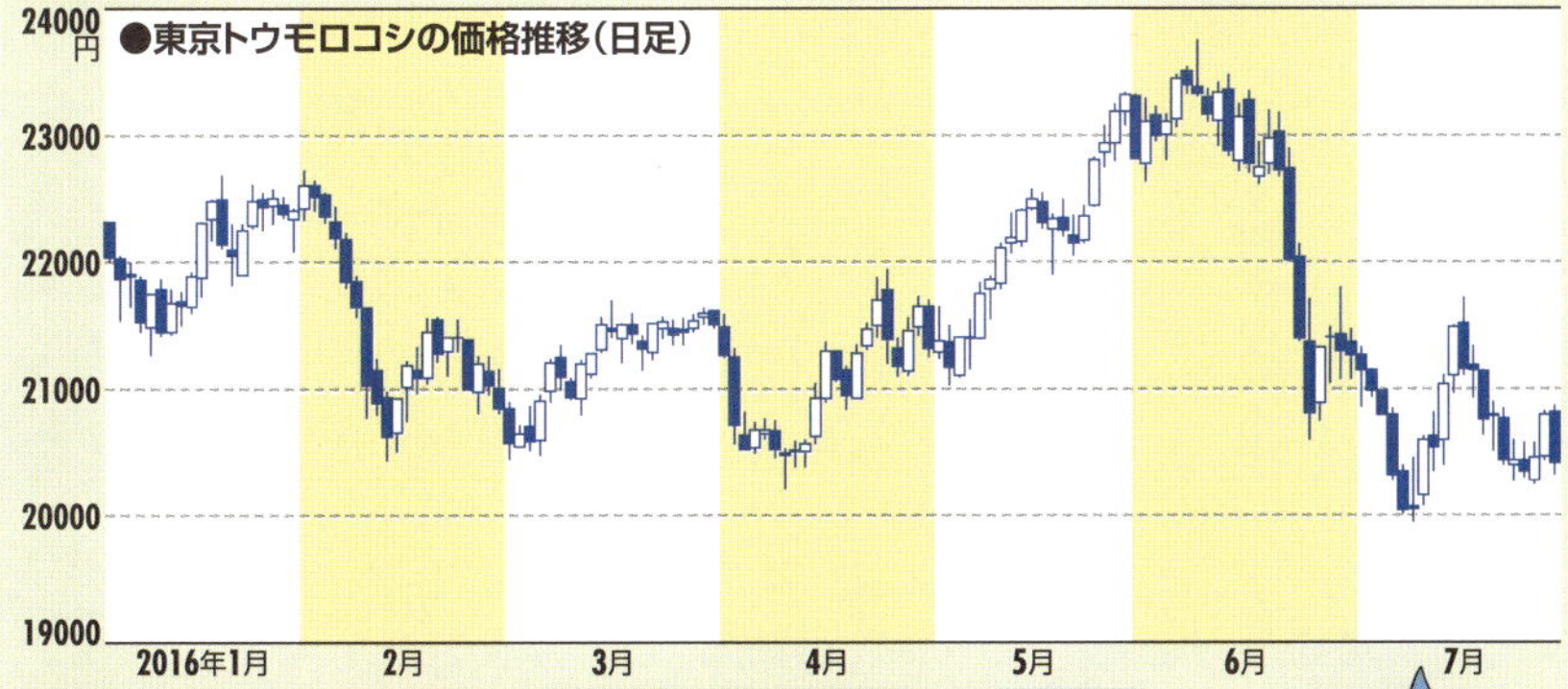

●トウモロコシの価格変動要因

↑上昇	変動要因	下落↓
円安	米ドル・円相場	円高
異変	米国や南米の穀倉地帯の天候	良好
増加	エタノール生産量	減少
好況	新興国の経済	不況
増加	大豆の作付け	減少
流入	投機マネー	流出

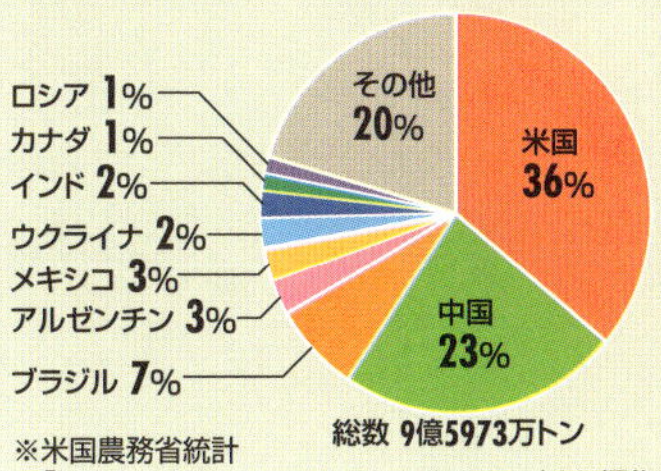

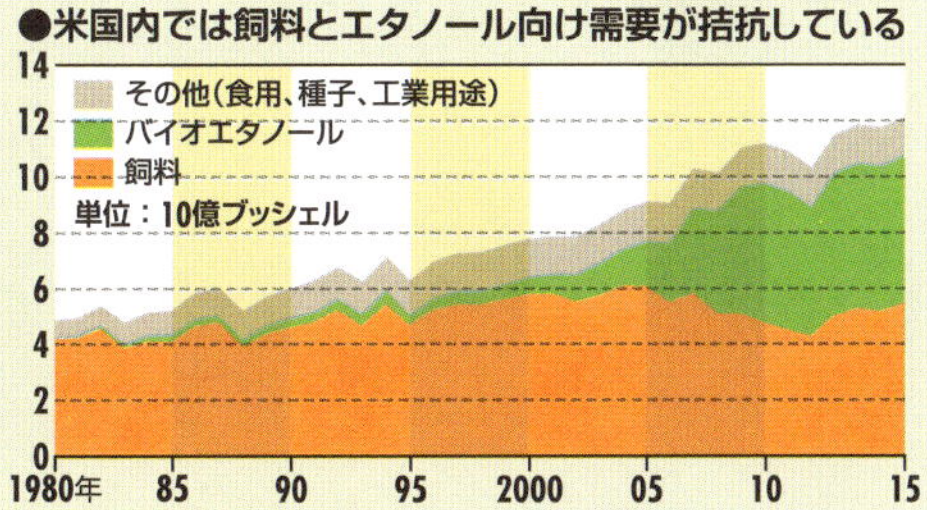

※米国農務省統計「World Supply and Distribution」より編集部作成。※Calculated by USDA, Economic Research Service.

積あたりの収量の違いから、大豆1に対してトウモロコシ2・5程度が適正な価格比だと考えられています。つまり農家はこの比率が2・5より小さければ大豆を、2・5より大きければトウモロコシを作ったほうが得ということになります。

また**米国では、トウモロコシ国内消費の4割以上がガソリンに混ぜて使用する「バイオエタノール」の生産に用いられています。**背景には米国政府のエネルギー政策がありますが、近年はシェールオイルの採掘が増大していることから、**政策の修正を含めてエタノール生産の動向に注目する必要があります。**

米国には及びませんが、ブラジルとアルゼンチンもトウモロコシの重要な輸出国です。しかも南半球にある2国の生産・出荷時期は米国とは半年のずれがあります。米国で収穫が終わり需給相場に入ったあとは、2国の生育状況が相場に影響するケースも少なくありません。

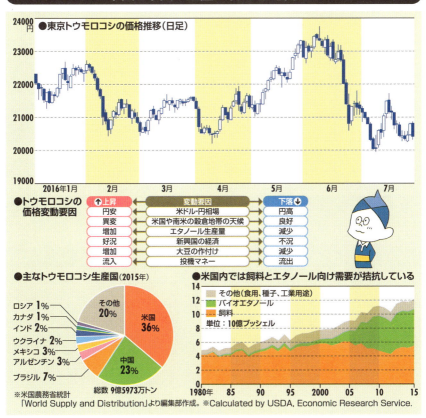

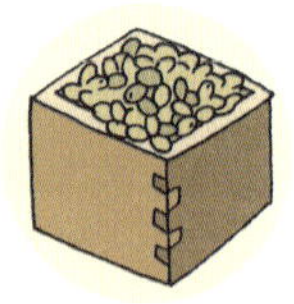

新興国の経済発展が大豆の需要を引っ張っている！

米国は大輸出国だが将来性は南米2カ国にあり？

味噌、醤油、納豆、豆腐――。大豆は日本人にとって欠かすことのできない伝統食品の原料です。ところがその大豆の国内自給率はわずか3～5%程度。戦前でも20%未満で、日本は長年にわたり外国産大豆に頼ってきたのです。

世界の大豆生産は米国とブラジル、アルゼンチンで約8割を占めます。生産量は拡大傾向にあり、50年前には3000万トン弱だったものが2015年には3・2億トンと約11倍に達しています。こうした生産量増大の背景には、米国における遺伝子組み換えなどの技術改良や、ブラジル、アルゼンチンでの未開墾地の開拓による作付面積の拡大があります。

トウモロコシ同様、日本人にとっては食品のイメージが強い大豆ですが、世界では、その大部分が大豆油の生産に回され、搾りかすである大豆ミールは家畜の飼料として用いられています。人間が口にするのは、ほんのわずかです。

例えば、米国では60ポンド（1ブッシェル≒27・2kg）の大豆から、およそ11ポンドの大豆油と47ポンドの大豆ミールが生産されています。大豆の成分のうち38%はたんぱく質であるため、搾油後の残滓である大豆ミールは家畜用の飼料としてうってつけなのです。

大豆油は調理用に用いるのはもちろん、マヨネーズやマーガリンの原料としても使われています。また近年は大豆油からグリセリンを除去することで、石油由来のディーゼル油よりも窒素化合物の排出が少ない、環境にやさしいバイオディーゼル燃料も生産されています。米国内の大豆油総供給に占める割合は2割程度で、トウモロコシ同様、政策的意図が反映されています。

マクロ経済の変化と自然が織りなすダイナミズム

一方、最大の大豆輸入国は中国で、全

米国・ブラジル・アルゼンチンで世界の8割を生産

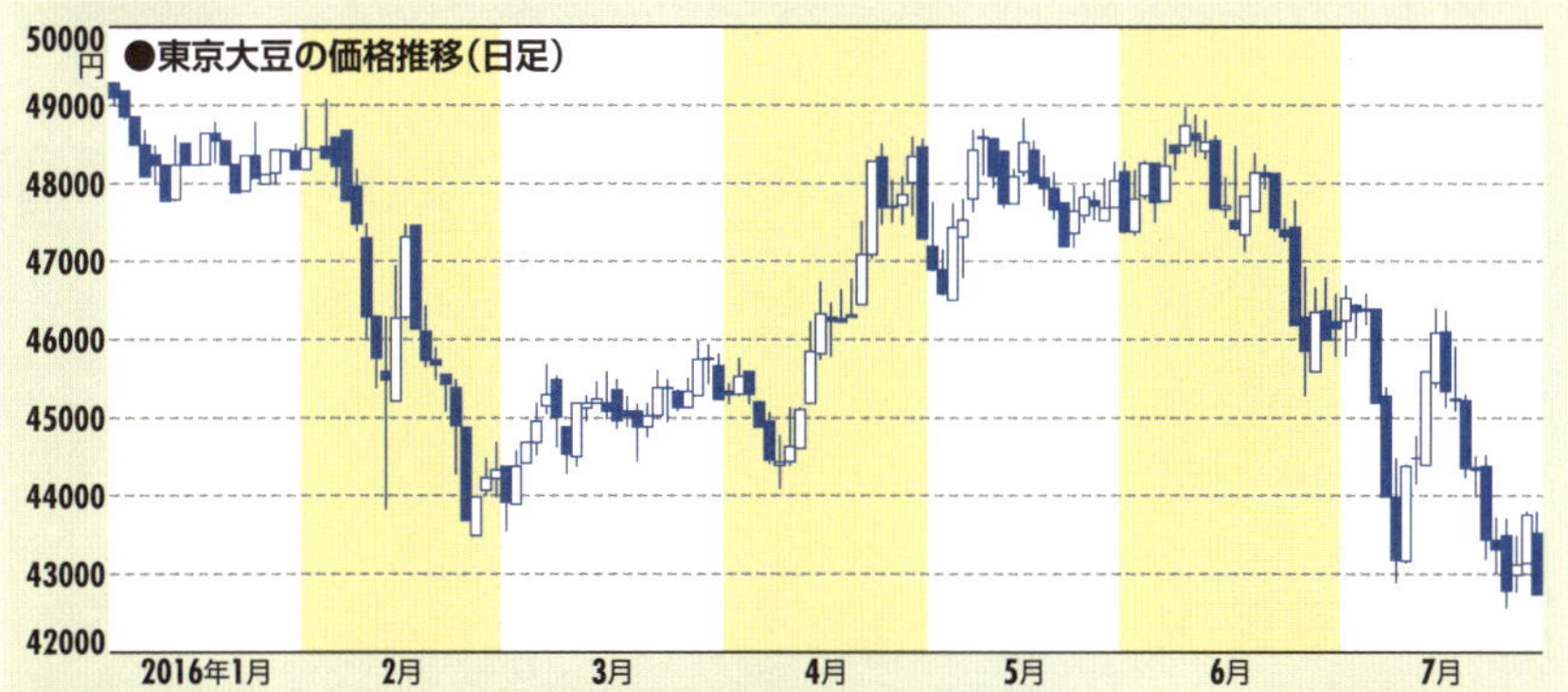

●大豆の価格変動要因

↑上昇	変動要因	下落↓
円安	米ドル・円相場	円高
異変	米国や南米の穀倉地帯の天候	良好
好況	新興国の経済	不況
減少	南米の生産量	増加
増加	トウモロコシの作付け	減少
流入	投機マネー	流出

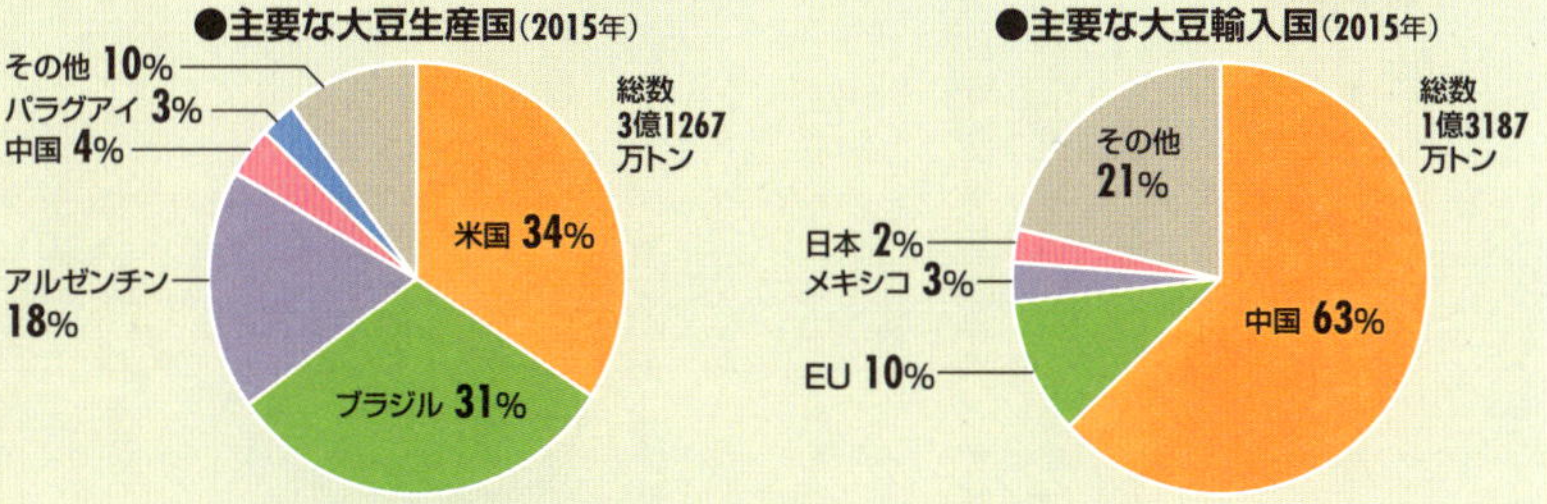

※米国農務省統計「World Supply and Distribution」より編集部作成

世界の6割を占める「爆買い」状態となっています。背景にあるのは13億の人口を擁する中国の富裕化に伴う食生活の変化です。肉食が増え、外食が増すにつれ大豆油の需要も家畜の飼料となる大豆ミールの需要も増大しているからです。

それでも**大豆需給の決め手となるのはやはり気象変動です。**米国、ブラジルおよびアルゼンチンの生産地における高温・干ばつ・降霜・虫害などは大豆先物価格に直接的に影響します。

農産物相場には「天候相場期」と「需要相場期」と呼ばれる期間があります。

天候相場期は作付けから収穫まで。米国では5~9月がこの時期にあたり、降雨量や気温次第で価格が大きく変化します。それ以外の需要相場期は在庫の取り崩しが価格を動かします。

マクロ経済の変化と人知の及ばない自然が織りなすダイナミズムを読むのは、農産物取引ならではのおもしろさです。

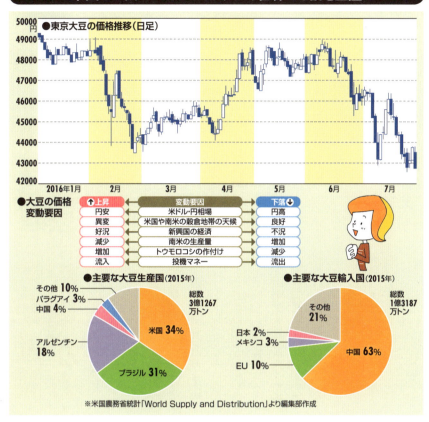

ゴム取引は自動車産業と新興国の情報収集がカギ

総需要の6~7割を自動車用タイヤが占める

ゴムには、ゴムノキから樹液を採取して作る天然ゴムと、石油から作る合成ゴムの2種類があります。このためゴム価格は、農作物としては天候や気温の影響を受けると同時に、工業品としては原油価格の影響を受けることになります。また天然ゴムの生産地域が東南アジアに集中していること、需要の多くを自動車用タイヤが占めることから、こうした特性にも目を配っておく必要があります。

２０１５年の世界のゴム消費量は天然ゴムが１２１７万トン、合成ゴムが１４５６万トンで、その割合はおよそ45対55でした。東京商品取引所で取引されているのは天然ゴムですが、原油価格の高騰時には合成ゴムから割安感のある天然ゴムに需要がシフトする一方でその逆も起こるため、それぞれの需要と生産動向は押さえておきたいところです。

ゴムの最大の用途は自動車タイヤで、総需要のおよそ7割を占めています。このため自動車の生産・販売台数の増減はゴム価格に直接的な影響をもたらします。

中国・米国・日本の3カ国が世界需要の約半分に

自動車販売に関しては中国の動向から目が離せません。その中国が国家政策として農村部への自動車普及を図り、新車販売台数を飛躍的に増大させたのは11年のことです。

この年に１８５１万台を売り上げて米国を抜いてからは世界首位の座を独占。15年の販売台数は２３５０万台にも達し、米国の１７２０万台をはるかに凌いでいます。

自動車の生産・販売には、その国の経済の好不調が強く反映されます。世界首位の中国はもとより、第2位と第3位の米国と日本、さらにドイツ、英国、イタリア、フランス等の自動車生産国の動向も視野に入れておく必要があります。

自動車販売数では中国が首位を独占

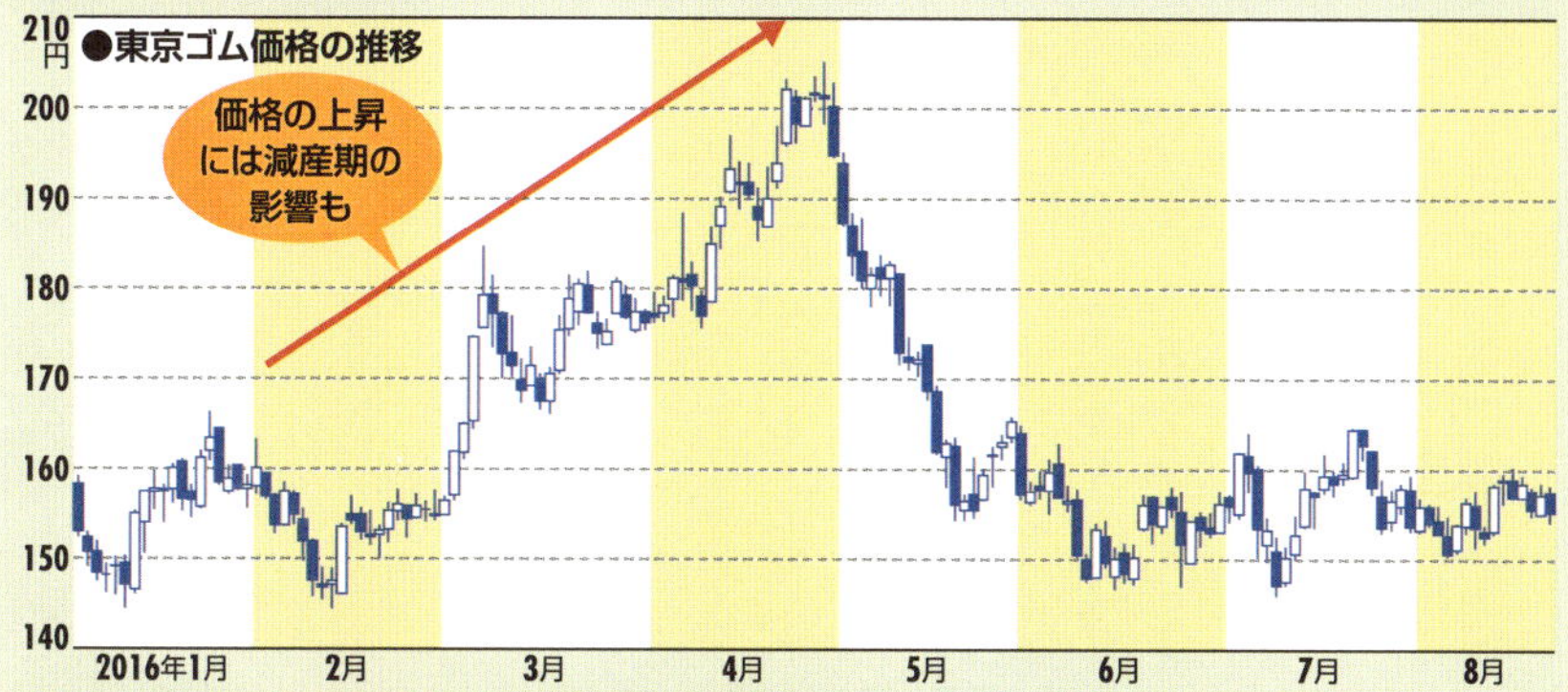

●ゴムの価格変動要因

↑上昇	変動要因	下落↓
円安	米ドル・円相場	円高
異変	東南アジアの天候	良好
減少	乾期の生産量	増加
増加	自動車生産台数	減少
上昇	合成ゴム価格	下落
好転	世界経済	悪化
流入	投機マネー	流出

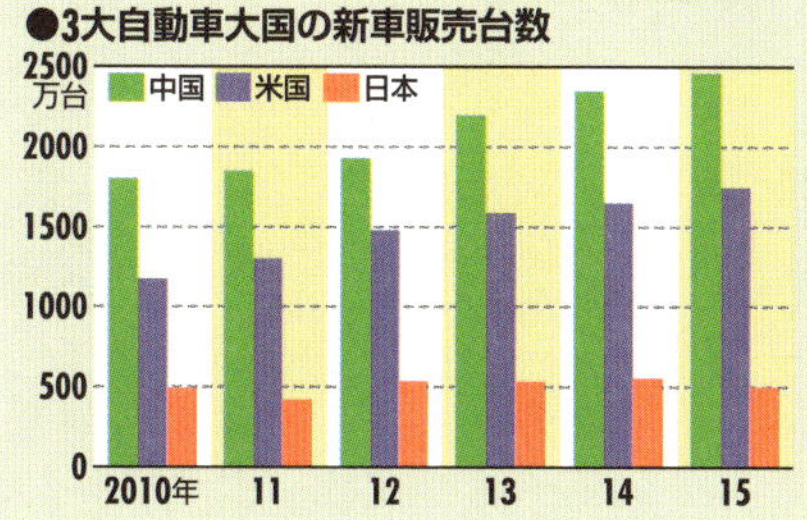

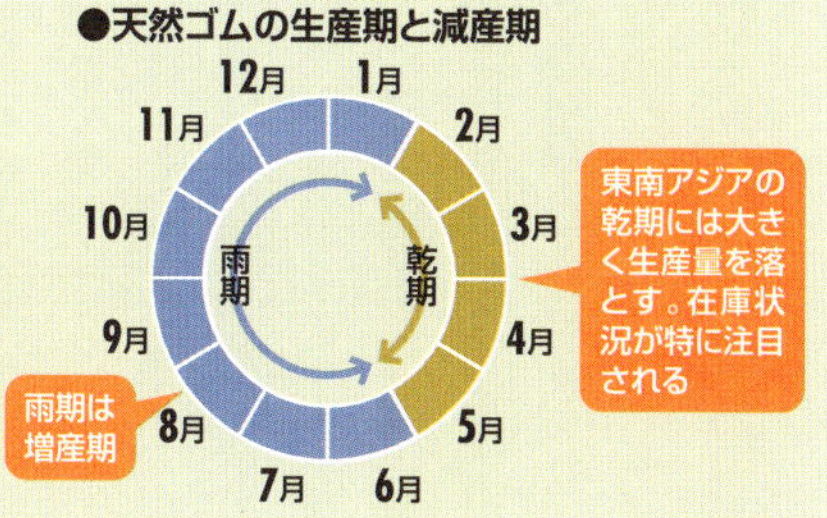

生産の7割以上は東南アジア3国で

天然ゴムの主生産地は東南アジアに集中しています。タイとインドネシアの2カ国で世界の約6割の生産量を占め、マレーシアを加えると7割に達します。このため3カ国の生産地域の天候はもちろん、政治・経済情勢が世界の天然ゴム供給に与える影響は無視できません。また生産国は時に政府が天然ゴムを買い上げて価格維持を図ることもあります。

ゴムの樹液は年間を通して採取されますが、雨期の夏から翌年1月にかけて増産され、乾期の2～5月は落葉期（ウィンタリング）で減産するのが一般的なパターンです。減産期に需要の増大が重なることもしばしば起こり、そうした時に品薄を織り込んだニュースが伝えられると年間を通しての高値となることが少なくありません。

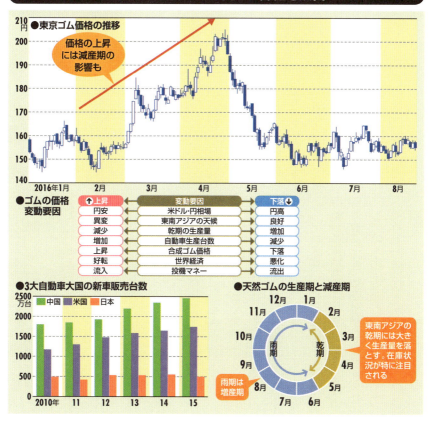

コメ先物は商品先物取引のルーツ 国内で生産と消費が完結する

約70年の時を経て2011年に取引を再開

コメは日本人の主食であると同時に先物取引のルーツです。世界初の先物取引は徳川吉宗の時代、大坂（現在の大阪）の堂島米会所にさかのぼります。しかし第2次世界大戦に伴う統制により取引は中断。70年の時を経て再開を果たしたのは2011年8月のことでした。コメは世界3大穀物に数えられるほど広い地域で生産されています。しかし国内で取引されているコメの約97%は日本産。このためコメ先物は生産、流通、消費が国内で完結する特別な商品でもあるのです。

コメ価格を予想するうえで押さえておかなければならない基本があります。

① 収穫は年に1回だけ
② 鮮度を落とさず数年間保管が可能
③ 輸出入は実質的に無視してよい
④ 消費量は継続的に微減している

この中で特に注目すべきは④です。日本人の米食の消費量は1960年代前半をピークにゆるやかな右肩下がりを継続しています。このため相場を見通すにあたっては、需要（消費）は考慮せずに、供給（生産）量の増減にだけ着目すればよいのです。その供給は作付面積と単位面積あたりの収穫量（単収）で求められます。

国の政策と天候が生産量を決める

作付面積を左右する最大の要因は農林水産省が毎年発表する「生産数量目標」です。コメは日本人の主食という特殊性ゆえ、政府は前年までの生産・在庫量をベースに年間需給予測を立て、生産数量の目標数値を定めます。数値は作付け前年の11月末までに発表されますが、そこから割り出した収穫の予想量と実際の収穫量（および在庫量）のズレがコメ価格の基本的な変動要因となります。ただし、作付面積を決めるのは、より大きなコメの基本政策の変遷もありますし、産地ご

価格を最終的に決めるのはやっぱり天候！

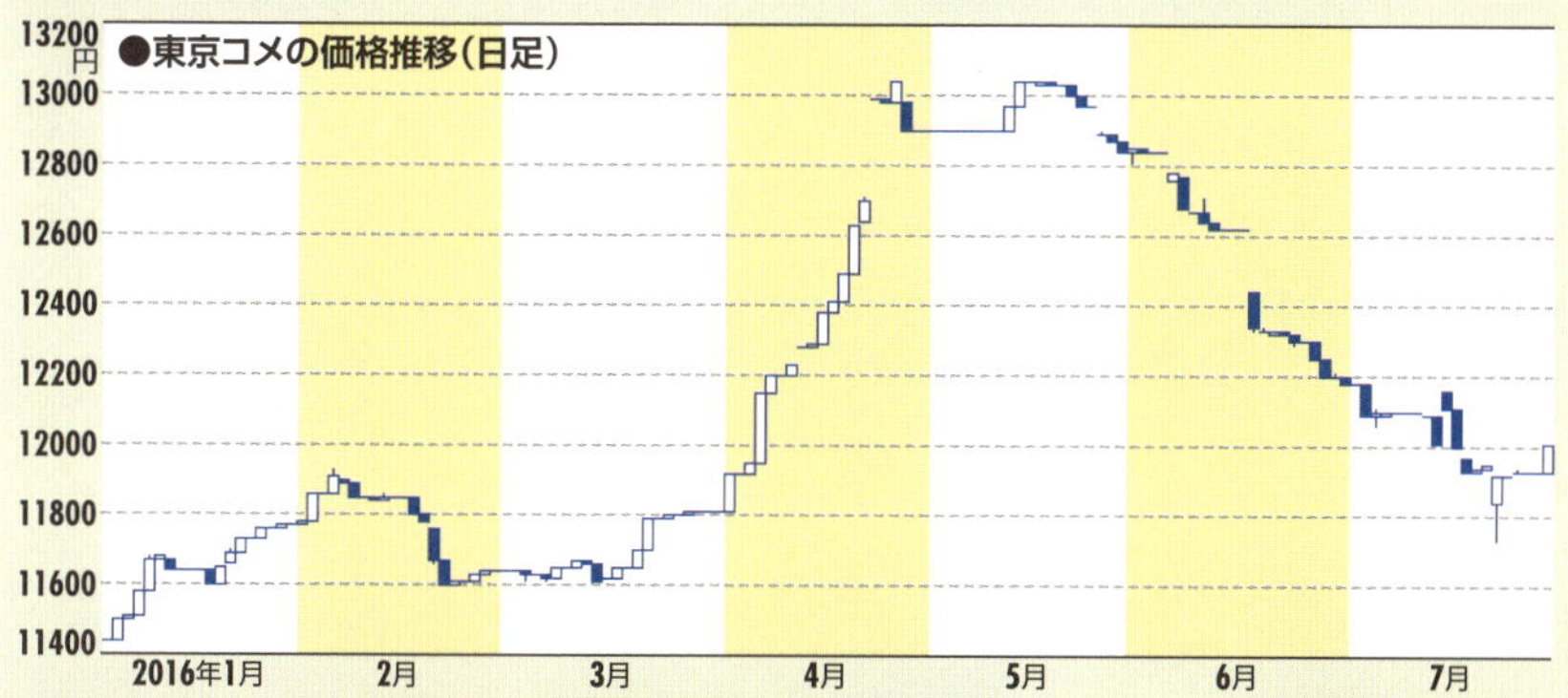

●コメの価格変動要因

↑上昇	変動要因	下落↓
不順・病害虫発生	天候	順調
減少	作付面積	増加
遅延	出荷	順調
生産調整	国の政策	生産増加
好調	外食産業	不振
高騰	他の穀物価格	下落
高騰	燃料価格	下落

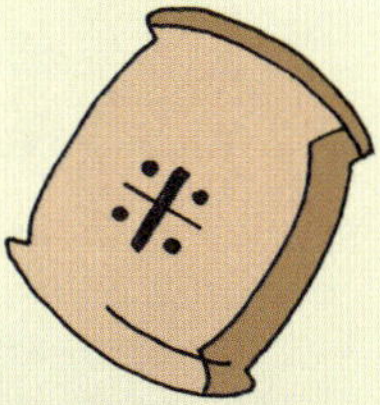

●新潟県産コシヒカリの生育ステージ

生育ステージ	田植え・活着期	分げつ期	幼穂形成期	穂ばらみ期	出穂・開花・穂揃期	登熟期	成熟期・刈り取り
概要（新潟県産コシヒカリの場合）	苗が田に根付くことを「活着」という。平年より低温の場合は、生育遅れに注意	穂の茎が根元から分かれることを「分げつ」という。平年よりも低温は冷害に注意	穂が出始める時期。17度以下は冷害注意	花粉などの生殖細胞ができる時期。もっとも低温に弱い時期。17度以下は冷害注意	40～50％穂が出た時期を出穂、80～90％穂が出た時期が穂揃期。受精が行なわれるので低温に弱い時期	すべて穂が出た時期。異常高温が続くと品質が劣化しやすい	種子が完熟する直前の成熟期が刈り取りに最適
時期	5月上旬～中旬	5月下旬～7月上旬	7月中旬	7月下旬～8月上旬	8月上旬～中旬	8月中旬～9月中旬	9月下旬

との品種別作付面積も影響します。

単収は技術改良で年々向上していますが、やはり天候にはかないません。田植えから収穫期までの生育ステージにおける低気温、雨台風、障害型病害などにより茎数の減少や穂の倒伏が生じ、収量は変化します。作況指数は平年を100とした場合、その年の単収がいくつになるかを示す数値です。農水省が全国的な調査を実施し時期に応じて全国指数、都道府県別指数、地帯別指数を公表しており、コメ価格にも大きな影響を及ぼします。

コメ先物は大阪堂島商品取引所で「**新潟コシ**（新潟県産コシヒカリ）」「**東京コメ**（業務用米）」「**大阪コメ**（国内産コシヒカリ）」の3銘柄が取引されています。

取引単位は新潟コシが1・5トン、東京コメが12トン、大阪コメが3トンとそれぞれ異なります。また取引期限も、新潟コシは最長1年、東京コメと大阪コメが6カ月と違いがあります。

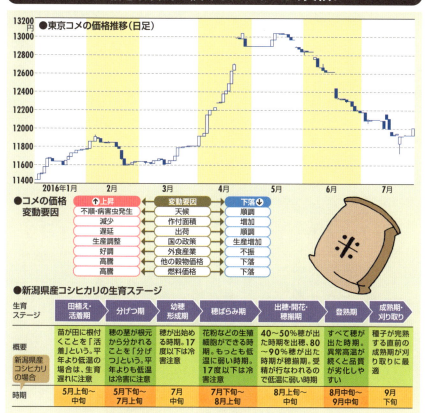

Column

商品先物取引

トリビア

7

日本の金鉱山は都市にある!?しかも高品質！

鉱山といえば人里はなれた山奥に深い穴を掘って採掘する、というイメージを抱きがちですが、実は都会に住む私たちこそ鉱山の真っただ中にいるのです。

その名は都市鉱山――。

パソコン、テレビ、スマホなど、私たちの身の回りにある電子製品には、金をはじめとして多くのレアメタルが使われています。そしてそれらの機器が廃棄された時、内部の電子基板は資源の宝庫へと変わります。地上に蓄積された資源の山、それが都市鉱山なのです。

実際の金鉱山で鉱石1トンに含まれている金の量は3～5グラムほどといわれています。ところが、基板30キロからは約4グラムもの金が回収できるのです。

都市鉱山は鉱脈を探す必要がないうえ、いったん精錬された金属が回収できるため天然鉱石よりも高品質で、省資源・省エネルギーのメリットもあります。

ある国内研究所の報告では、日本の都市鉱山における金の潜在的埋蔵量は、なんと6800トンにものぼるとの試算もあります。

Part 9

商品先物取引に役立つ情報をイッキョ掲載!

バラエティ豊かな商品を自由自在に
トレードするために知っておきたい
何かと役立つ情報をコンパクトにまとめて紹介します!

商品先物取引会社 お役立ちリスト

2016年11月現在、日本国内で個人投資家に受託サービスを提供している
商品先物取引会社をご紹介します。各社ともさまざまなサービスを展開しています。
ぜひ、ホームページや電話などでチェックしてみてください！

リストの見方

社名

取引できる市場
取引方法
（対面／電子／
コールセンター）

住所・
本社連絡先・
ウェブサイト

※この会社は架空のものです

（株）ザイ コモディティ

〒150-8409
東京都渋谷区神宮前 6-12-17
http://www.diamond.co.jp/

取引チャンネル　国内市場：対面
店頭取引：対面／電子

	東京商品取引所					大阪堂島商品取引所				海外取引所・店頭取引			
取り扱い市場	農産物	貴金属	石油	ゴム	中京石油	農産物	砂糖	水産物	農産指数	エネルギー	メタル	農産物等	ソフト商品
	○	○	○	○	○	○	○	○	○	○	○	○	

取り扱い市場に含まれる商品

農産物
大豆、トウモロコシ、コメなど

貴金属
金、銀、白金（プラチナ）

石 油
原油、ガソリン、灯油

中京石油
中京ガソリン、中京灯油

エネルギー
原油、天然ガス、電力など

ソフト商品
コーヒー、ココアなど

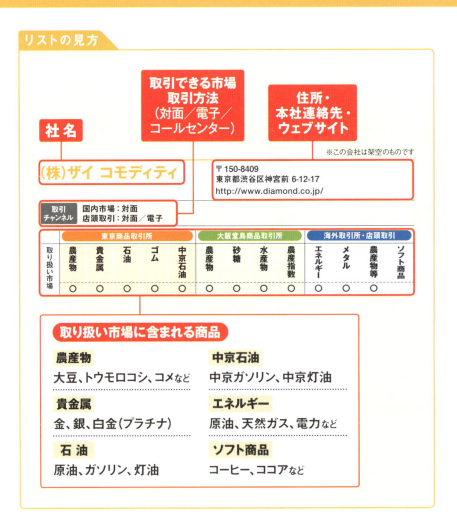

IG証券(株)

〒105-7110　東京都港区東新橋 1-5-2
汐留シティセンター 10F
03-6704-8500　http://www.ig.com.jp/

取引チャンネル　店頭取引：電子

	東京商品取引所					大阪堂島商品取引所				海外取引所・店頭取引			
取り扱い市場	農産物	貴金属	石油	ゴム	中京石油	農産物	砂糖	水産物	農産指数	エネルギー	メタル	農産物等	ソフト商品
										○	○	○	○

(株)アステム

〒540-6591　大阪府大阪市中央区大手前 1-7-31
OMM ビル 8F
06-4790-3401　http://www.as-tem.com/

取引チャンネル　国内市場：対面

	東京商品取引所					大阪堂島商品取引所				海外取引所・店頭取引			
取り扱い市場	農産物	貴金属	石油	ゴム	中京石油	農産物	砂糖	水産物	農産指数	エネルギー	メタル	農産物等	ソフト商品
	○	○	○	○	○	○		○	○				

(株)アルフィックス

〒532-0011　大阪府大阪市淀川区西中島 1-15-2
大協シャトービル
06-6304-5071　http://www.alphix.co.jp/

取引チャンネル　国内市場：対面

	東京商品取引所					大阪堂島商品取引所				海外取引所・店頭取引			
取り扱い市場	農産物	貴金属	石油	ゴム	中京石油	農産物	砂糖	水産物	農産指数	エネルギー	メタル	農産物等	ソフト商品
	○	○	○	○	○	○	○	○	○				

今村証券(株)

〒920-0906
石川県金沢市十間町 25 番地
076-263-5222　http://www.imamura.jp

取引チャンネル　国内市場：対面

	東京商品取引所					大阪堂島商品取引所				海外取引所・店頭取引			
取り扱い市場	農産物	貴金属	石油	ゴム	中京石油	農産物	砂糖	水産物	農産指数	エネルギー	メタル	農産物等	ソフト商品
	○	○	○	○		○	○						

EVOLUTION JAPAN(株)

〒102-0094　東京都千代田区紀尾井町 4-1
ニューオータニガーデンコート
03-4510-3300　http://www.evojapan.com

取引チャンネル　国内市場：対面／電子

	東京商品取引所					大阪堂島商品取引所				海外取引所・店頭取引			
取り扱い市場	農産物	貴金属	石油	ゴム	中京石油	農産物	砂糖	水産物	農産指数	エネルギー	メタル	農産物等	ソフト商品
	○	○	○	○	○	○							

岡地(株)

〒460-0008
愛知県名古屋市中区栄 3-7-29
052-261-3311　http://www.okachi.co.jp/

取引チャンネル　国内市場：対面／電子　店頭取引：対面
海外市場：対面

	東京商品取引所					大阪堂島商品取引所				海外取引所・店頭取引			
取り扱い市場	農産物	貴金属	石油	ゴム	中京石油	農産物	砂糖	水産物	農産指数	エネルギー	メタル	農産物等	ソフト商品
	○	○	○	○	○	○	○	○	○	○	○	○	○

岡藤商事(株)

〒104-0033
東京都中央区新川 2-12-16
03-3552-1121　http://www.okato.co.jp/

取引チャンネル　国内市場：対面／電子／コールセンター　店頭取引：電子／コールセンター
海外市場：対面

	東京商品取引所					大阪堂島商品取引所				海外取引所・店頭取引			
取り扱い市場	農産物	貴金属	石油	ゴム	中京石油	農産物	砂糖	水産物	農産指数	エネルギー	メタル	農産物等	ソフト商品
	○	○	○	○	○	○	○	○	○	○	○	○	○

岡安商事(株)

〒541-0041
大阪府大阪市中央区北浜 2-3-8
06-6222-0001　http://www.okayasu-shoji.co.jp/

取引チャンネル　国内市場：対面／電子／コールセンター
海外市場：対面／電子

	東京商品取引所					大阪堂島商品取引所				海外取引所・店頭取引			
取り扱い市場	農産物	貴金属	石油	ゴム	中京石油	農産物	砂糖	水産物	農産指数	エネルギー	メタル	農産物等	ソフト商品
	○	○	○	○	○	○	○	○	○	○	○	○	○

カネツ商事(株)

〒103-0005
東京都中央区日本橋久松町 12-8
03-3662-0111　http://www.kanetsu.co.jp/

取引チャンネル　国内市場：対面／電子

取り扱い市場	東京商品取引所					大阪堂島商品取引所				海外取引所・店頭取引			
	農産物	貴金属	石油	ゴム	中京石油	農産物	砂糖	水産物	農産指数	エネルギー	メタル	農産物等	ソフト商品
	○	○	○	○	○								

クリエイトジャパン(株)

〒104-0061
東京都中央区銀座 3-14-13
03-3543-8181　http://www.create-japan.co.jp

取引チャンネル　国内市場：対面

取り扱い市場	東京商品取引所					大阪堂島商品取引所				海外取引所・店頭取引			
	農産物	貴金属	石油	ゴム	中京石油	農産物	砂糖	水産物	農産指数	エネルギー	メタル	農産物等	ソフト商品
	○	○	○	○									

KOYO証券(株)

〒103-0004　東京都中央区東日本橋 2-13-2
光陽東日本橋ビル
03-5825-3731　http://www.koyo-sec.co.jp

取引チャンネル　国内市場：対面／コールセンター

取り扱い市場	東京商品取引所					大阪堂島商品取引所				海外取引所・店頭取引			
	農産物	貴金属	石油	ゴム	中京石油	農産物	砂糖	水産物	農産指数	エネルギー	メタル	農産物等	ソフト商品
	○	○	○	○									

(株)コムテックス

〒550-0011
大阪府大阪市西区阿波座 1-10-14
06-6543-2118　http://www.comtex.co.jp

取引チャンネル　国内市場：対面／電子／コールセンター

取り扱い市場	東京商品取引所					大阪堂島商品取引所				海外取引所・店頭取引			
	農産物	貴金属	石油	ゴム	中京石油	農産物	砂糖	水産物	農産指数	エネルギー	メタル	農産物等	ソフト商品
	○	○	○	○		○		○	○				

(株)さくらインベスト

〒530-0047 大阪府大阪市北区西天満 2-6-8
堂島ビルヂング9F
06-6312-1680 http://www.sakura-inv.com

取引チャンネル 国内市場：対面
店頭取引：対面／電子

	東京商品取引所					大阪堂島商品取引所				海外取引所・店頭取引			
取り扱い市場	農産物	貴金属	石油	ゴム	中京石油	農産物	砂糖	水産物	農産指数	エネルギー	メタル	農産物等	ソフト商品
	○	○	○	○	○	○	○			○	○	○	

サンワード貿易(株)

〒162-0822 東京都新宿区下宮比町 3-2
飯田橋スクエアビル
03-3260-0211 http://www.sunward-t.co.jp

取引チャンネル 国内市場：対面／電子／コールセンター

	東京商品取引所					大阪堂島商品取引所				海外取引所・店頭取引			
取り扱い市場	農産物	貴金属	石油	ゴム	中京石油	農産物	砂糖	水産物	農産指数	エネルギー	メタル	農産物等	ソフト商品
	○	○	○	○	○	○							

JP アセット証券(株)

〒103-0013
東京都中央区日本橋人形町 3-3-13
03-5695-5681 http://www.j-pa.co.jp/

取引チャンネル 国内市場：対面

	東京商品取引所					大阪堂島商品取引所				海外取引所・店頭取引			
取り扱い市場	農産物	貴金属	石油	ゴム	中京石油	農産物	砂糖	水産物	農産指数	エネルギー	メタル	農産物等	ソフト商品
	○	○	○	○	○								

セントラル商事(株)

〒104-0033 東京都中央区新川 1-24-1
秀和第 2 新川ビル
03-5542-8911 http://www.central-shoji.co.jp/

取引チャンネル 国内市場：対面

	東京商品取引所					大阪堂島商品取引所				海外取引所・店頭取引			
取り扱い市場	農産物	貴金属	石油	ゴム	中京石油	農産物	砂糖	水産物	農産指数	エネルギー	メタル	農産物等	ソフト商品
	○	○	○	○									

第一商品(株)

〒150-0045　東京都渋谷区神泉町 9-1
神泉プレイスビル
03-3462-8011　http://www.dai-ichi.co.jp/

取引チャンネル　国内市場：対面

	東京商品取引所					大阪堂島商品取引所				海外取引所・店頭取引			
取り扱い市場	農産物	貴金属	石油	ゴム	中京石油	農産物	砂糖	水産物	農産指数	エネルギー	メタル	農産物等	ソフト商品
	○	○	○	○	○	○	○	○	○				

大起産業(株)

〒460-0003　愛知県名古屋市中区錦 2-2-13
名古屋センタービル 7F
052-201-6311　http://www.daikiweb.co.jp/

取引チャンネル　国内市場：対面／コールセンター

	東京商品取引所					大阪堂島商品取引所				海外取引所・店頭取引			
取り扱い市場	農産物	貴金属	石油	ゴム	中京石油	農産物	砂糖	水産物	農産指数	エネルギー	メタル	農産物等	ソフト商品
	○	○	○	○									

日産証券(株)

〒103-0014
東京都中央区日本橋蛎殻町 1-38-11
03-5623-0023　http://www.nissan-sec.co.jp

取引チャンネル　国内市場：対面／電子／コールセンター　店頭取引：電子
海外市場：電子

	東京商品取引所					大阪堂島商品取引所				海外取引所・店頭取引			
取り扱い市場	農産物	貴金属	石油	ゴム	中京石油	農産物	砂糖	水産物	農産指数	エネルギー	メタル	農産物等	ソフト商品
	○	○	○	○	○	○				○	○	○	○

日本フィナンシャルセキュリティーズ(株)

〒104-0033
東京都中央区新川 2-12-16
03-6891-0050　http://www.nihon-fs.co.jp/

取引チャンネル　国内市場：対面

	東京商品取引所					大阪堂島商品取引所				海外取引所・店頭取引			
取り扱い市場	農産物	貴金属	石油	ゴム	中京石油	農産物	砂糖	水産物	農産指数	エネルギー	メタル	農産物等	ソフト商品
	○	○	○	○	○	○	○	○	○				

フィリップ証券(株)

〒103-0026
東京都中央区日本橋兜町 4-2
03-3666-2101　http://www.phillip.co.jp

取引チャンネル　国内市場：電子
海外市場：電子

	東京商品取引所					大阪堂島商品取引所				海外取引所・店頭取引			
取り扱い市場	農産物	貴金属	石油	ゴム	中京石油	農産物	砂糖	水産物	農産指数	エネルギー	メタル	農産物等	ソフト商品
	○	○	○	○	○					○	○	○	○

(株)フジトミ

〒103-0014
東京都中央区日本橋蛎殻町 1-15-5
03-4589-5500　http://www.fujitomi.co.jp/

取引チャンネル　国内市場：対面／電子

	東京商品取引所					大阪堂島商品取引所				海外取引所・店頭取引			
取り扱い市場	農産物	貴金属	石油	ゴム	中京石油	農産物	砂糖	水産物	農産指数	エネルギー	メタル	農産物等	ソフト商品
	○	○	○	○	○								

フジフューチャーズ(株)

〒104-0033
東京都中央区新川 1-16-3
03-5543-2211　http://www.fuji-ft.co.jp

取引チャンネル　国内市場：対面／電子

	東京商品取引所					大阪堂島商品取引所				海外取引所・店頭取引			
取り扱い市場	農産物	貴金属	石油	ゴム	中京石油	農産物	砂糖	水産物	農産指数	エネルギー	メタル	農産物等	ソフト商品
	○	○	○	○									

プレミア証券(株)

〒103-0014　東京都中央区日本橋蛎殻町 1-39-5
水天宮北辰ビル 9F
03-5652-3801　http://www.premiere-sec.co.jp/

取引チャンネル　店頭取引：対面／電子

	東京商品取引所					大阪堂島商品取引所				海外取引所・店頭取引			
取り扱い市場	農産物	貴金属	石油	ゴム	中京石油	農産物	砂糖	水産物	農産指数	エネルギー	メタル	農産物等	ソフト商品
	○	○	○	○									

北辰物産(株)

〒103-0025
東京都中央区日本橋茅場町 1-9-2
03-3668-8111　http://www.hoxsin.co.jp/

取引チャンネル　国内市場：電子

	東京商品取引所					大阪堂島商品取引所				海外取引所・店頭取引			
取り扱い市場	農産物	貴金属	石油	ゴム	中京石油	農産物	砂糖	水産物	農産指数	エネルギー	メタル	農産物等	ソフト商品
	○	○	○	○	○	○							

豊商事(株)

〒103-0014
東京都中央区日本橋蛎殻町 1-16-12
03-3667-5211　http://www.yutaka-shoji.co.jp/

取引チャンネル　国内市場：対面

	東京商品取引所					大阪堂島商品取引所				海外取引所・店頭取引			
取り扱い市場	農産物	貴金属	石油	ゴム	中京石油	農産物	砂糖	水産物	農産指数	エネルギー	メタル	農産物等	ソフト商品
	○	○	○	○	○	○	○	○	○				

楽天証券(株)

〒158-0094
東京都世田谷区玉川 1-14-1
03-6739-1700　http://www.rakuten-sec.co.jp/

取引チャンネル　国内市場：電子
海外市場：電子

	東京商品取引所					大阪堂島商品取引所				海外取引所・店頭取引			
取り扱い市場	農産物	貴金属	石油	ゴム	中京石油	農産物	砂糖	水産物	農産指数	エネルギー	メタル	農産物等	ソフト商品
	○	○	○	○	○					○	○	○	○

ローズ・コモディティ(株)

〒542-0081　大阪府大阪市中央区南船場 2-12-5
心斎橋イーストスクエア 7F
06-4560-1956　http://www.rose-c.com/

取引チャンネル　国内市場：対面

	東京商品取引所					大阪堂島商品取引所				海外取引所・店頭取引			
取り扱い市場	農産物	貴金属	石油	ゴム	中京石油	農産物	砂糖	水産物	農産指数	エネルギー	メタル	農産物等	ソフト商品
	○	○	○	○	○								

団体はこんなところ!

商品先物取引に関係する団体をピックアップします。
サイトを訪れてみてはいかがでしょうか?

商品先物取引所を運営する機関

株式会社東京商品取引所 (TOCOM)　www.tocom.or.jp/jp

国内唯一の総合商品取引所

貴金属、石油、ゴム、農産物など多岐にわたる商品先物を取引する総合商品取引所です。昭和 26 年設立。平成 28 年 5 月、ビル 1 階に商品先物取引の普及啓発を目的とした TOCOM スクエア (www.tocomsquare.com)を開設。ラジオ NIKKEI とのコラボによる公開放送や多様なセミナー、イベントを提供するほか、最新のマーケット情報を閲覧できるコーナーを設置して投資家にとって魅力いっぱいの情報発信基地になっています。

〒103-0012　東京都中央区日本橋堀留町1-10-7　☎03-3661-9191

大阪堂島商品取引所　www.ode.or.jp

コメ先物取引の公設市場

日本人の主食、コメの先物を取引する国内唯一の公設市場を持つ商品取引所です。

昭和 27 年、前身の大阪穀物取引所は第 2 次世界大戦前の堂島米穀取引所の再現を目指し、将来のコメ先物上場を視野に入れ設立されました。平成 5 年には大阪砂糖取引所、神戸穀物商品取引所と合併して関西農産商品取引所に名称を変更。平成 9 年には神戸生糸取引所と合併、関西商品取引所に改称し上場商品の多様化を実現しています。さらに平成 18 年には福岡商品取引所と合併。念願のコメ先物は平成 23 年に上場、72 年ぶりの復活を果たしました。

〒550-0011　大阪府大阪市西区阿波座1-10-14　☎06-6531-7931

投資家を守り、商品先物市場の信頼性を維持するための機関

株式会社日本商品清算機構 (JCCH)　www.jcch.co.jp

商品先物取引の信頼性を確保する

日本商品清算機構 (JCCH) の最大の役割は取引の信頼性の確保です。JCCH は、商品先物市場では、買い手に対しては JCCH が売り手の立場を、売り手に対しては JCCH が買い手の立場をとります。これにより投資家は自分の取引の相手が契約不履行を起こす心配をしなくてすむのです。

JCCH は平成 17 年に経済産業大臣および農林水産大臣から「商品取引債務引受業」の許可を受けて業務を開始しました。現在は東京商品取引所と大阪堂島商品取引所のすべての上場商品に対して清算業務を提供しています。

〒103-0012　東京都中央区日本橋堀留町1-10-7　☎03-5847-7521

知っておくと便利!

商品先物取引の関係

市場を開設したり、取引が円滑に行なわれているかどうかをチェックする機関など、取引を開始したあとで疑問点や困った点があったら、まずはこちらの諸団体の

日本商品委託者保護基金（保護基金） www.hogokikin.or.jp

商品先物取引のペイオフ制度を担う

商品先物会社は経済産業省・農林水産省などによる厳格な財務監視を受け、また投資家の資産は日本商品清算機構に預託する「分離保管」が義務付けられています。それでも商品先物会社が万一倒産した場合に投資家の資産（証拠金）がきちんと返還されるよう、日本商品委託者保護基金が投資家1人あたり1000万円を上限に弁済する「ペイオフ制度」を担っています。

〒103-0013　東京都中央区日本橋人形町3-8-1　☎03-3668-3451

日本商品先物取引協会（日商協） www.nisshokyo.or.jp

商品先物取引に関するトラブルはまずここに相談しよう!

商品先物業界の自主規制機関である日本商品先物取引協会は、商品先物会社に法令や自主規制ルールの遵守を求め、ルールに違反した社には指導や制裁を行ないます。

また、商品先物取引に関する相談や苦情を受け付け、適切な助言を通じて円滑な解決に尽力するとともに、必要に応じて弁護士等による紛争解決のあっせんを行なっています。

投資家の相談や苦情を受け付ける「相談センター」受付窓口の連絡先は以下の通りです。

〒103-0012　東京都中央区日本橋堀留町1-10-7　☎03-3664-6243

電話による受付時間：月曜日～金曜日（祝日を除く）　9：00～17：00
＊訪問は事前予約が必要です。
＊WEBフォームからの相談も可。

商品先物取引に関する広報事業を担う機関

日本商品先物振興協会（先物協会） www.jcfia.gr.jp

商品先物に関する知識の普及と理解を促進

日本商品先物振興協会は、商品先物取引の健全な発展を目的に、商品先物取引制度の改善のための建議・要望や、正しい商品先物知識の普及と理解の促進に努める振興団体です。

先物協会のホームページや先物協会・商品取引所等が共同提供する「みんなのコモディティ（cx.minkabu.jp）」では商品先物取引に関する多岐にわたる情報が取得できます。また投資クラブなど商品先物取引を勉強したい人たちには、ニーズに合った多彩な商品先物講師を無償で派遣する「CX 講師宅配便」も運営しています。トレード仲間を集めて一度利用してみては?

〒103-0012　東京都中央区日本橋堀留町1-10-7　☎03-3664-5731

巻末付録

商品先物取引がよくわかる！104のキーワード

受渡し
（うけわたし）

商品先物取引の決済方法のひとつで、売り方は商品を、買い方は約定代金を提供して売買取引を終了すること。原則として納会日以降に行なわれる。

受渡供用品
（うけわたしきょうようひん）

商品先物市場で、受渡しにあたって、標準品に一定の格差をつけて売り方からの提供が認められている商品。供用品の範囲は取引所の業務規程に定められている。

受渡代金
（うけわたしだいきん）

受渡しに際して買い方が支払う代金。

受渡手数料
（うけわたしてすうりょう）

受渡しにより決済した際に支払う手数料。

押し目
（おしめ）

上昇トレンドにある相場が一時的に下がった時、またはその下がってきた価格のこと。その価格で買うことを「押し目買い」という。

オシレーター
（おしれーたー）

相場の強弱を知るためのテクニカル指標の総称。1～100などの数値で示し、「買われすぎ」「売られすぎ」の判断材料にする。RSIやストキャスティクスなどがある。

終値
（おわりね）

ある取引セッションの最終取引価格。

か

期先
（きさき）

各限月のうち、納会日から最も遠い限月のこと。

あ

委託
（いたく）

投資家が商品先物会社に注文して取引の約定を依頼すること。

委託玉
（いたくぎょく）

商品先物会社が投資家から委託を受けて売買注文を成立させた建玉。→玉、建玉

委託契約
（いたくけいやく）

商品先物会社と投資家との間で交わす取引依頼の契約。商品取引契約ともいう。

委託者
（いたくしゃ）

商品先物会社に取引所における売買を依頼する者。

委託手数料
（いたくてすうりょう）

投資家が商品先物会社に取引を委託し、約定した際に支払う手数料。取引を決済した時に、新規分と仕切り分を一緒に支払うことになっている会社が多い。

板寄せ
（いたよせ）

セリ売買による単一約定値段により行なう売買約定方法のひとつ。大阪堂島商品取引所で採用されている。

一番限
（いちばんぎり）

各限月のうち、納会に一番近い限月のこと。期近（きぢか）。→期近、納会

受け方
（うけかた）

商品の受け渡し決済で、対象の商品を受け取る人。買い方ともいう。⇔渡し方

現物取引
(げんぶつとりひき)

市場での実物の取引。⇔先物取引

コール
(こーる)

オプション取引で、権利行使日に金先物価格が権利行使価格を上回っていた場合に、その差額を受け取ることができる権利。

国際商品
(こくさいしょうひん)

金や原油、トウモロコシなどのように世界的な需給を反映して取引されている商品。一方、東京商品取引所の小豆や大阪堂島商品取引所のコメは国内商品。

さ

サーキットブレーカー(CB)制度
(さーきっとぶれーかーせいど)

1日の中で固定的な値幅制限を設けず、あらかじめ設定したCBの値幅外の価格で注文が対当した場合に、一定時間、立会を中断し、その後CBの値幅を拡張して立会を再開する仕組み。

材 料
(ざいりょう)

相場を騰落させる経済的、政治的、社会的な原因や事情。

先物取引
(さきものとりひき)

将来の一定の時期において、商品およびその対価の授受を約する売買取引で、①当該商品の現物の受渡し、もしくは②建玉の転売または買い戻しによる差金の授受、により取引を決了することのできる取引。⇔現物取引

差 金
(さきん)

売り(買い)約定値段と買い(売り)約定値段の価格の差。

差金決済
(さきんけっさい)

現物の受渡しをせず、反対売買を行ない差金の授受をもって商品先物取引の決済をすること。

指値注文/指値
(さしねちゅうもん/さしね)

刻み値
(きざみね)

価格変動幅の最小単位。ティックともいう。金、白金は1円、原油、ガソリン、大豆、トウモロコシは10円(2016年10月現在)。

期 近
(きぢか)

各限月のうち、納会が最も早く到来する限月のこと。⇔期先

期末在庫
(きまつざいこ)

農産物は一定の周期で生産と消費が繰り返されるが、この周期(穀物年度)の期末時点で残存していて、次期に繰り越される在庫のこと。

逆指値
(ぎゃくさしね)

通常の買い(売り)指値注文では「何円以下(以上)なら買う(売る)」と条件を指定するが、逆指値注文では「何円以上(以下)になれば買う(売る)」という条件で注文を出す。主に順張りや損切りの状況で使用する。→順張り、損切り

逆ザヤ
(ぎゃくざや)

期先よりも期近限月の価格が高い状態。商品先物市場では、一般的に、目先の需給ひっ迫が想定される。⇔順ザヤ

逆張り
(ぎゃくばり)

相場のトレンドとは逆の方向の建玉を持つこと。トレンドの転換を予想した場合に逆張りで対処するのが一般的。⇔順張り

玉
(ぎょく)

注文が成立し、まだ決済されていない取引のこと。建玉、ポジションともいう。

金オプション
(きんおぷしょん)

金先物を原商品とするオプション取引。東京商品取引所の場合、金オプション取引は現金決済方式。権利行使の方式はヨーロピアンタイプ。

限 月
(げんげつ)

建玉を最終的に決済しなければならない月のこと。

状態。取引商品に対する倉庫料や保険料がかかるため、順ザヤとなるのがふつう。⇔逆ザヤ

順張り
(じゅんばり)

価格のトレンドに沿って、上昇トレンドなら買いを、下降トレンドなら売りを建玉する手法。トレンドフォローともいう。⇔逆張り

証拠金
(しょうこきん)

商品先物取引に参加するために必要な担保金の総称。

商品先物会社
(しょうひんさきものがいしゃ)

経済産業大臣または農林水産大臣(主務大臣)より許可を受け、投資家等の委託注文を商品先物市場に取り次ぐことができる事業者。正式には商品先物取引業者という。

商品取引所
(しょうひんとりひきじょ)

商品または商品指数の先物取引を行なうために必要な市場を運営することを主たる目的として、商品先物取引法に基づいて設立された組織。

新 規
(しんき)

新たな建玉またはそのための売買注文のこと。
⇔仕切り

新 甫
(しんぽ)

新たに取引が開始される限月のこと。→発会

スイングトレード
(すいんぐとれーど)

数日間にわたって建玉を維持する取引スタイル。

スキャルピング
(すきゃるぴんぐ)

ごく薄い利益を積み重ねて収益につなげる取引スタイル。

スプレッド取引
(すぷれっどとりひき)

サヤ取りに同じ。スプレッドは価格差のこと。

スマートCX
(すまーとしーえっくす)

市場が売り(または買い)注文一色で、気配値だけが下がり(上がり)続けて投資家が反対売買をできない(市場離脱できない)異常事態でも、商取引にあたって、売買の価格を指定する注文を指値注文という。指値はその価格。

サポート
(さぽーと)

相場の下げ局面で、これ以上は下がりにくいとされる節目の価格。しかしサポートをブレイクしてさらに下げた場合は、同じ価格がレジスタンスとなる。⇔レジスタンス

サポートライン
(さぽーとらいん)

チャート上で、サポートにあたる価格を結んだ線。
⇔レジスタンスライン

サヤ取り
(さやとり)

相場の変動、地域差、時間差等による売値と買値の拡大・縮小を利用して、差益の獲得を目的に行なう取引戦略。スプレッド取引ともいう。

ザラバ仕法
(ざらばしほう)

条件のマッチした買いと売りの注文を価格優先・時間優先の原則に従って約定させる取引仕法。

産業のインフラ
(さんぎょうのいんふら)

資産運用機能とは別に、事業者や社会一般に対して、価格リスクのヘッジ機能、現物取得・換金機能、将来価格の発見機能を提供する商品先物市場は産業のインフラ(基盤)と称されている。

CRB指数
(しーあーるびーしすう)

正式名称は「トムソン・ロイター・コアコモディティCRB指数」。米英の商品取引所の先物価格をもとに算出する国際商品指数(商品先物指数)。物価上昇率(インフレ動向)の先行指標として国際的に注目されている。

仕切り
(しきり)

売り建玉を買い戻しまたは買い建玉を転売して取引を決済すること。⇔新規

支持/支持線
(しじ/しじせん)

サポート、サポートラインに同じ。

順ザヤ
(じゅんざや)

期近から期先に行くに従って価格が高くなっている

出来高

（できだか）

商品先物市場で、買い注文と売り注文が合致して取引が成立した数量。買い 100 枚と売り 100 枚なら出来高は 100 枚。

テクニカル分析

（てくにかるぶんせき）

過去の価格や出来高、取組高などのデータを用いて、将来の取引価格の変化を予想する手法。⇔ファンダメンタルズ分析

手仕舞い

（てじまい）

建玉を転売あるいは買い戻しをして取引を決了し、売買から離脱すること。→差金決済

デフォルト

（でふぉると）

「債務不履行」。債券の発行者が破綻等で利払いや元本の支払い停止に追い込まれること。事業会社（企業等）だけでなく国家にも起こることがある。ロシア（1998 年）、アルゼンチン（1998 年）などで起こり金融危機を招いた。

店頭取引

（てんとうとりひき）

取引所を通さず、商品、証券・FX会社が顧客と相対（あいたい）で行なう取引。国内取引所の商品先物取引では、個人投資家を相手とした店頭取引は行なわれていない。OTC（オーバー・ザ・カウンター）取引ともいう。

東京ゴールドスポット100

（とうきょうごーるどすぽっと100）

金の理論スポット価格を取引する証拠金取引。売りと買いのどちらからも取引を始められ、手仕舞いしない限りポジションは自動的に翌営業日に持ち越される。2015 年 5 月に東京商品取引所で上場された。

当業者

（とうぎょうしゃ）

上場商品の生産、加工、流通などに従事している事業者の総称。

当 限

（とうぎり）

当月が受渡月となる限月のこと。

登録外務員

（とうろくがいむいん）

商品先物会社の役員および使用人で、商品先物会社とあらかじめ約束した価格で、取引証拠金の範囲内に損失を限定した決済注文を約定することができる取引。

スリッページ

（すりっぺーじ）

成行注文で発生する、注文時の価格と約定価格の差。指値注文は指定価格でしか注文が成立しないのでスリッページは起きない。

総取引金額

（そうとりひききんがく）

ある商品の現物引き取り時に支払う金額に等しい額（ただし手数料等は考慮しない）。約定代金に当該商品の倍率をかけて算出する。「総約定代金」「丸代金」ともいう。

損切り

（そんぎり）

取引を終了すれば損になることを承知でする手仕舞いのための取引。→ロスカット

た

大納会

（だいのうかい）

年末の最終取引日のこと。

大発会

（だいはっかい）

年初の取引初日のこと。

建 玉

（たてぎょく）

反対売買や受渡しにより手仕舞いをしていない買い玉または売り玉、またはその数。ポジションともいう。買い建玉 1 枚と売り建玉 1 枚のセットで、取組高（とりくみだか）1 枚と数える。

チャート

（ちゃーと）

過去の相場の動きをグラフで表現したもの。罫線（けいせん）ともいう。

強 気

（つよき）

価格の将来の値上がりを予想すること、または価格の値上がりを予想して買うこと。⇔弱気

抵抗線

（ていこうせん）

レジスタンスラインに同じ。

取引単位を呼値（よびね）で割って求めた数値。ある商品の約定価格に倍率を乗じれば総取引金額が、値動きに倍率を乗じれば当該取引の損益が計算できる。金（標準）先物の倍率は1000倍。

→呼値。

端境期
（はざかいき）

穀物や砂糖、コメなど、生産に季節性のある商品で使用される用語。前年度の収穫物と新年度の収穫物（例えば古米と新米）の供給が切り替わる境界の意味で、新しい収穫期が来る直前の時期を指す。

始 値
（はじめね）

ある取引セッションで最初に成立した価格。⇔終値

発 会
（はっかい）

新しい限月の取引が始まること。

標準品
（ひょうじゅんひん）

商品取引所の受渡しで、売り手が買い手に渡すことが認められている基準となる商品。標準品ではないが受渡しが認められている受渡供用品は、標準品に対してプラスまたはマイナスの価格差をつけて受渡しされる。

ファンダメンタルズ
（ふぁんだめんたるず）

経済の基礎的な条件。商品先物取引では、商品価格の変動に影響を与える基礎的な経済条件を指すのが一般的。

プット
（ぷっと）

オプション取引で、権利行使日に権利行使価格が金先物価格を上回っていた場合に、その差額を受け取ることができる権利。

プレミアム
（ぷれみあむ）

オプション取引で、権利行使価格ごとのコールおよびプットが取引されている価格。

平準化
（へいじゅんか）

取引所機能のひとつである「価格平準化機能」のこと。価格が需給を調整するとともに、先物市場でも、割高な市場では売り注文が多く入り、また割安な市場では買い注文が多く入ることで、価格がなら

取引法に基づいて主務大臣の登録を受け、商品先物市場における取引の受託や委託の勧誘ができる資格者。

取組高
（とりくみだか）

商品先物市場で、反対売買（手仕舞い）されずに残っている買いおよび売り建玉の数量。取組高が10万枚なら、買い建玉と売り建玉はそれぞれ10万枚ずつある。取組残、未決済残高ともいう。

取引証拠金
（とりひきしょうこきん）

取引に際して商品先物会社に預託しなければならない取引の担保。商品先物会社は日本商品清算機構（JCCH）がリスクに応じて算出した基準額以上の額を自社の証拠金（委託者証拠金）として設定できるため、会社によって証拠金額が異なる。

取引単位
（とりひきたんい）

商品取引所で取引する場合の、売買1枚あたりの当該商品の数量。金（標準）先物の取引単位は1キログラム。

トレンド
（とれんど）

価格の方向性。

な

成行注文
（なりゆきちゅうもん）

値段を指定せずになるべく早く約定させたい時に使用する注文方法。

ナンピン
（なんぴん）

複数枚の注文を建玉する時に、買い（売り）では、相場の下降（上昇）に伴い注文を約定させて平均単価を切り下げる（上げる）ことで、当初の予想通り相場が動いた場合に収益の増大を目指す取引手法。

納 会
（のうかい）

限月の取引最終日の取引機会のこと。納会までに反対売買によって手仕舞いされなかった建玉は、受渡しで決済することとなる。

は

倍 率
（ばいりつ）

弱 気
(よわき)

価格の将来の値下がりを予想すること、または価格の値下がりを予想して売ること。⇔強気

四本値
(よんほんね)

あるセッションの始値・高値・安値・終値の4つの値段のこと。

ら

リーマンショック
(りーまんしょっく)

2008年9月、米国の投資銀行リーマン・ブラザーズの破綻に端を発し、世界で続発的に起きた金融危機事案の総括的呼称。「リーマンショック」は和製英語。英語では“the financial crisis”という。

利食い
(りぐい)

取引を終了すれば利益になる手仕舞いのための取引。

リターン
(りたーん)

取引によって得られる収益のこと。

流動性
(りゅうどうせい)

売買注文の約定のしやすさの目安。売買注文の多寡が影響を与える。流動性が高い市場は約定しやすい。

レジスタンスライン
(れじすたんすらいん)

相場の上げ局面で、これ以上は上がりにくいとされる節目の価格を結んだ線。⇔サポートライン

レバレッジ
(ればれっじ)

取引証拠金に対する総取引金額の倍率。レバレッジが高いほど取引効率は高まる。

ロスカット
(ろすかっと)

損切りに同じ。また、証拠金預託額が一定程度まで減少した際に商品先物会社が自動的に投資家の取引を終了させ、不足金が生じないようにする制度を「ロスカット制度」という。

される（平準化される）働き。

ヘッジ
(へっじ)

主として当業者が、商品先物取引を利用して、商品価格の変動リスクを回避または軽減する行為。ヘッジングともいう。ヘッジ取引を行う市場参加者はヘッジャー。

ポジション
(ぽじしょん)

建玉に同じ。

ボラティリティ
(ぼらてぃりてぃ)

価格の変動率。ボラティリティが高ければ価格の変動幅は大きい。

ま

枚
(まい)

商品先物市場で取引する時の単位の呼称。1枚で取引される数量（取引単位）は商品によって異なる。

マネーサプライ
(まねーさぷらい)

国内の企業や個人等が保有する通貨の合計。中央銀行はマネーサプライの適正水準を保つために、不況時には金利を引き下げマネーサプライを増加させ、逆に景気過熱時には、公定歩合などの金利を引き上げマネーサプライの伸びを鈍化させてインフレの過剰進行を防ぐ。

ミニ取引
(みにとりひき)

通常の取引に対して取引単位を小さくした取引。結果として必要証拠金額も小さい。東京商品取引所では金ミニ取引（1枚＝100グラム）と白金ミニ取引（同）が取引できる。

や

約 定
(やくじょう)

商品取引所で売買注文が成立すること。

呼 値
(よびね)

取引商品の約定価格の単位。金は1グラム、原油は50キロリットル、トウモロコシは50トンなど。

[編・著者]
日本商品先物振興協会
商品先物市場は市場メカニズムを基本とする資本主義経済に必要不可欠な産業インフラであると同時に、資産運用の受け皿でもあります。日本商品先物振興協会は、商品先物取引の正しい理解と普及、信用の保持に努め、商品先物取引の健全な発展を支援します。

ダイヤモンド・ザイ
初心者から上級者まで、幅広い層に人気の月刊マネー誌です。株、FX、投信、商品などの情報はもちろん、預貯金や税金などのお金まわりの情報も満載。丁寧な解説、わかりやすく面白いイラスト・写真が大人気。毎月21日発売です。

※本書は投資の参考となる情報の提供を目的としております。投資に当たっての意思決定、最終判断はご自身の責任でお願いします。本書の内容は、2016年11月15日時点のものであり、予告なく変更される場合もあります。また、本書の内容には正確を期すように努力を払いましたが、万一誤り・脱落等がありましても、その責任は負いかねますのでご了承ください。

めちゃくちゃ売れてるマネー誌ザイが作った
「商品先物取引」入門新版！
――金もプラチナも原油もコメもトウモロコシもゴムも面白い！

2016年12月８日　第１刷発行

著　者――ダイヤモンド・ザイ編集部×日本商品先物振興協会 編
発行所――ダイヤモンド社
〒150-8409　東京都渋谷区神宮前6-12-17
http://www.diamond.co.jp/
電話／03･5778･7220（編集）　03･5778･7240（販売）
執筆協力――小島栄一
編集協力――高城泰（ミドルマン）
イラスト――宗誠二郎
表紙･本文デザイン――河南祐介 五味 聡（FANTAGRAPH）
チャート図作成――地主南雲デザイン事務所
製作進行――ダイヤモンド・グラフィック社
印刷――――共栄メディア
製本――――ブックアート
編集担当――石川絵美

ISBN 978-4-478-10034-9